AQUARIUS

AQUARIUS

AQUARIUS

AQUARIUS

Catcher

一如《麥田捕手》的主角，
我們站在危險的崖邊，
抓住每一個跑向懸崖的孩子。
Catcher，是對孩子的一生守護。

關鍵早療

把握**自閉**、**亞斯**、**過動**氣質等
幼兒的黃金救援時機

王意中（臨床心理師）

【寫在前面】

我為特殊需求幼兒寫一本書

早期療育，最好的介入時間點，一個是「零至三歲」，另一個就是「現在」。學齡前幼兒是一副好牌，充滿著各種可塑性及可能性，許多的改變都在「零至六歲」這個階段中，等待我們給予協助，並看著改變發生。

早期療育是非常重要且關鍵的介入。當孩子年紀小的時候，敏感地觀察及發現孩子在發展上的不對勁，找出原因、找出相對應的適當介入方式，孩子發展的改善、調整和修正相對地就容易些。否則進入小學後的不順利，接下來後

續所要付出的無形、有形成本與代價，將很難估算。

這是一本解惑之書，陪伴發展遲緩與身心障礙孩子的爸媽和老師，瞭解如何面對孩子在幼兒園及進入小學之後的可能狀況，提出有效的因應策略。希望在陪伴孩子走過早期療育階段的過程中，可以在這本書找到你要的答案，解除你的困惑，同時讓你建立陪伴孩子教養的解決方式。

這本書充分囊括了學前特殊幼兒值得我們關注的議題：

- 讓面對發展遲緩、身心障礙幼兒而感到無助的**新手家長**，有著可以遵循的方向，有效來處理孩子的認知、語言、情緒、行為、態度、人際、學習等議題。並且在孩子的療育過程中，學會與相關專業人員之間的溝通、跟幼兒園老師的互動，以及孩子之間如何透過「遊戲」為媒介，以提升孩子整體的發展。幫助家長在面對醫師給予的診斷時，能夠有明確、完整、周延、詳細的瞭解，並且在「黃金時間」進行有效的介入，以提升孩子發展改善的程度。

面對孩子未來進入小學，對於「是否需要申請特殊教育學生的身分資格」進行思考，以尋求最適合孩子的安置與輔導方式。

● 協助**幼兒園老師**，在面對特殊需求幼兒的陪伴、對待、問題處理及班級經營和教學上，有全面且周延的認識。隨時掌握孩子的發展進程，進行微調、修正、評量、教學，改善孩子的遲緩與落後情況。

期待這本書能夠成為零至六歲幼兒的父母與幼教老師的參考指南、行動指南、安心指南、解惑指南。在陪伴孩子發展遲緩、身心障礙的狀況下，有一份溫馨指引，讓父母、老師在教養上、教學上，有所遵循，不至於驚慌失措。

無論孩子存在著什麼發展樣貌，我希望這本書能夠有助於孩子在發展上，漸漸變好。

註1：《兒童及少年福利與權益保障法施行細則》第八條

1 本法所稱早期療育，指由社會福利、衛生、教育等專業人員以團隊合作方式，依未滿六歲之發展遲緩兒童及其家庭之個別需求，提供必要之治療、教育、諮詢、轉介、安置與其他服務及照顧。

2 經早期療育後仍不能改善者，輔導其依身心障礙者權益保障法相關規定申請身心障礙鑑定。

註2：《身心障礙及資賦優異學生鑑定辦法》第十三條

1 本法第三條第十二款所稱發展遲緩，指未滿六歲之兒童，因生理、心理或社會環境因素，在知覺、認知、動作、溝通、社會情緒或自理能力等方面之發展較同年齡者顯著遲緩，且其障礙類別無法確定者。

2 前項所定發展遲緩，其鑑定依兒童發展及養育環境評估等資料，綜合研判之。

目錄

目錄

目錄

目錄

目錄

第一章

從先天九大氣質，細膩地理解孩子

孩子是優雅好教養，還是磨娘精？

全面掌握孩子的九大氣質

「揚揚那孩子一定是被寵壞了，哪有人說什麼事情都得按照他的規矩來，只要不順他的意，就尖叫、歇斯底里，快要把教室的屋頂掀開了。

「還有上課根本沒有在聽我講話，把我的話當作耳邊風。整天埋頭在畫他的圖，一大堆寶可夢。要說他不專心嗎？倒也不盡然，你沒看他畫圖畫得多投入。」莉莉老師說。

小凡老師問：「孩子有任何特教身分嗎？」

莉莉老師搖搖頭，說：「沒聽媽媽提起任何早期療育經驗，兒童心智科應該沒看

過。我不好意思告訴媽媽說揚揚有問題。這些話不能隨便開口的，否則很容易被家長投訴。」

「聽你這麼說，這孩子的氣質似乎滿特別的。」

莉莉老師嘆口氣，說：

「讓我頭痛的是他的堅持度，想要就是要，不要的時候，不管你再怎麼威脅利誘，他不甩就是不甩。

「還有啊！只要旁邊的小朋友換個座位，揚揚就嘴巴碎碎念，老是抱怨什麼『我喜歡跟美雪坐在一起，為什麼要把我們分開？』。什麼分不分開？不就只是換個座位而已，真搞不懂他到底在想什麼？

「每回只要設計新的活動、新的課程，他就不參與，只是愣在旁邊看。」

「我發現你觀察揚揚還滿仔細的耶。」小凡老師說。

莉莉老師說：「不然咧？如果對他沒有清楚的瞭解，不就到處踩地雷？這些年，我已經被炸得滿身傷痕了。現在呀，不得不謹慎，每個孩子的毛，幼兒園老師都得要摸得透澈。」

你對於孩子的瞭解，是「劇情長片」，還是「短影音」？

演講中，我往往會問現場的爸媽、幼兒園老師：「你對於孩子的瞭解有多少？」

最簡單的測試是試著聊聊自己的孩子，可以聊多久——是劇情長片？還是十五秒、二十秒的短影音，草草就結束？

訴說的內容，並非只是抱怨孩子在生活中讓父母頭痛、困擾的事情，或是幼兒園老師的埋怨。若無法具體、詳實地說出孩子的情況，多少反映出我們對孩子的情形不甚瞭解。

每個孩子都有天生的特質。氣質本身沒有絕對的好壞，排列組合之後，對孩子的整體發展會有不同程度的影響：是優雅好教養？或盡是折騰大人的磨娘精？

為了讓爸媽、老師能夠完整、周延地瞭解孩子的情況，透過從「九大氣質」切入，將對孩子有較為清晰、完整的理解輪廓。瞭解孩子的氣質，有助於我們全面理解孩子，在教養上、教學上，找到最適合與孩子互動的方式。

每一項氣質，你可以視為是一種向度。每個孩子落點的區間不盡相同。過與不及，在照顧上都會帶來挑戰。

九大氣質的掌握

（一）活動量：有些孩子活動量大，總是精力旺盛，坐不住。相反地，有些孩子則顯得安安靜靜。多數孩子大多落在這兩極之間。

（二）注意力分散度：有些孩子容易分心，持續性短暫。相反地，有些孩子注意力集中，持續性很久。

（三）反應閾：有些孩子只要有一點風吹草動，給予些微的刺激，就明顯出現情緒行為反應。相反地，有些孩子縱使給他許多的刺激，依然沒有明顯的反應。

（四）趨避性：有些孩子對於周遭的人、事、物，傾向於主動接近。相反地，有些孩子總是傾向於逃避，保持距離。

（五）適應度：有些孩子可以在短時間內，適應陌生情境。相反地，有些孩子則需花費較久的時間適應。

（六）情緒本質：有些孩子總是面帶微笑，讓你感到愉悅、開朗、陽光正向。有些孩子則顯得看似心事重重，情緒本質相對負面，抑鬱暗沉。

（七）情緒反應強度：有些孩子的情緒反應強度大，喜怒哀樂明顯。相反地，有些孩子卻顯得相對地微弱。

（八）堅持度：有些孩子對於進行的事情，能夠維持堅持的態度，非得解決不可。相反地，有些孩子很容易傾向於動不動就放棄。

（九）規律性：有些孩子在吃喝拉撒睡方面，能夠維持明確的時間點，這讓照顧者能有所掌握，輕鬆一些。相反地，有些孩子則顯得非常不規律，完全無法掌握他的生理節奏，讓照顧者疲於奔命。

你可以以上述九大氣質為例，試著說說看孩子所呈現出來的情況。透過對氣質內涵的瞭解，讓我們調整教養方式，並發展出適切的相處之道。

ADHD的氣質教養術

以靜制動

「叔叔，你也來公園玩啊？媽媽先帶我來，爸爸去停車。你開什麼車啊？我爸爸開Tesla，白色的，吃電的哦。

「爸爸工作很忙，媽媽說他都要加班。叔叔你做什麼工作？一天賺多少錢？很多嗎？」

被孩子這樣貿然詢問，中年大叔額頭上三條線，有些尷尬地笑著。

「不好意思，打擾到你了。」媽媽二話不說，趕緊把孩子拉開。

「阿保，你在幹麼？又不認識人家，幹麼跑去和人家說話，你不怕被壞人帶走？

下次不准再這樣了。」

媽媽倒也不是擔心孩子被壞人帶走，而是阿保總是莫名其妙地逢人便發問，也不管對方認不認識。遇上這麼突兀的舉動，對方往往一笑置之。

「我看真的需要拿一根繩子把你綁住，否則啊，到處亂跟人家哈啦，真的是丟臉死了。」

每回帶阿保出門，媽媽總是心驚膽跳，深怕孩子不管三七二十一，逢人便脫口說出一些語不驚人死不休的話。

從好的方面來看，孩子不怕生，這一點可說臉皮夠厚，膽子也夠大。對陌生人毫無距離，讓人家以為彼此好像認識，見過面，給自己製造了許多與人互動的機會。但阿保畢竟年紀還這麼小，又不是做直銷。

令自己頭痛的是，孩子與周圍的人沒有界限，完全搞不清楚人我之間的關係，讓媽媽不知道該如何是好。

當然不可能整天把孩子關在家裡，還是得出來透透氣。只是媽媽百思不解，阿保究竟是怎麼一回事？

早期療育別錯過：意中心理師來解惑

每個孩子都具備了天生的氣質，這些氣質從單一角度來看，沒有絕對的好壞。但排列組合起來，卻呈現出不同的樣貌。

靜如處子，動如脫兔

＊「活動量」：就注意力缺陷過動症（Attention Deficit Hyperactivity Disorder，ADHD）氣質來說，相對比其他孩子大。

面對孩子的高活動量，目的並非是要讓他變得安靜，而是讓孩子的活動量能夠在適當的地方，有適度的表現。例如該靜的時候靜，該動的時候則可以盡情地動。孩子逐漸練習辨識、鑑別，面對不同的情境，活動量分別做出適當的反應。

既然孩子的活動量比較大，可以在日常生活中，多給孩子活動的機會，例如前往幼兒園或回家時能夠多走路，放學時在附近的小公園玩耍一下再回家，讓孩子的活動量獲得適度的舒緩。但不是為了把孩子操到累，一旦孩子跑累了、玩倦了，也就沒有體力進行學習，電池電量不足，上課只會無精打采。

每個人的睡眠需求不盡相同，以我自己為例，從小到大一直沒有睡午覺的習慣。當被要求一定得睡午覺，這對我來說簡直是一種折磨、酷刑，痛苦得要命。如果老師能夠有一些彈性的做法，例如允許孩子可以選擇趴著，閉目養神，讓眼睛休息。趴著，張開眼睛也行，至於有沒有睡著，真的就不是重點了。孩子可以不睡午覺，但至少他得要維持衛動控制，不能干擾到別人。

生活中，也可以添加一些靜態性的活動予以平衡，逐漸感受到靜靜的狀態。例如堆疊積木、畫畫、組裝樂高、玩拼圖，以及紙筆活動（像是連連看、走迷宮、字母搜尋），和聆聽音樂或聽故事。

讓孩子能夠靜如處子，動如脫兔，學習分辨在不同的活動內容中，表現出不同的活動量控制。

純淨的「聚焦」優先

＊「注意力分散度」：ADHD的專注力相對地容易分散，在和孩子說話時，試著將周遭容易讓孩子分心的事物移除，一切以「單純」為考量。

為了讓孩子能夠更專心地注意聽我們說話，請走向孩子，當孩子眼睛看著自己時，再開口說話。並且講重點，先想好關鍵字，能夠一句話說完，就不要說兩句話；能夠一個字說完，就不要說兩個字。

讓孩子聚焦。當ADHD專注聽大人說話時，他就可以理解大人要說什麼。說話時，語調從上往下，維持抑揚頓挫。

由於ADHD的注意力持續性較短暫，進行活動要透過「分段」的方式，讓孩子在短時間內，可以有完成的機會，製造孩子的成功經驗。

例如採「漸進」的方式。原本需要仿寫數字1至10，每個字各五遍，改成分別先從1至5寫五遍，休息之後，再從6至10寫五遍；休息時，減少孩子過度的刺激，以預防休息之後，無法順利再回到書寫練習上。

動輒得咎，激起反應的浪花

＊「反應閾」：ＡＤＨＤ的「反應閾」較低，很容易因為一丁點刺激就動輒得咎，激起反應的浪花。當我們情緒激動，ＡＤＨＤ也不遑多讓，彼此的情緒很容易連動起來。

演講中，我常常提醒「當ＡＤＨＤ遇見囉嗦的大人，他的病情容易惡化」。以靜制動，是與ＡＤＨＤ相處的基本鐵律。

平時給予ＡＤＨＤ刺激，盡量做好適度管控，以避免孩子過度反應。減少不必要的刺激干擾，以降低孩子不必要的行為反應。

情緒強度分級控管

＊「反應強度」：ＡＤＨＤ普遍反應大，好處是第一時間可以讓周圍的人，瞭解自己的情緒反應。缺點是太過強烈的反應，就像海水越堤，造成對方的反感。

維持反應強度適中，對於與周遭他人相處及關係的建立會比較適切。

平時多引導ＡＤＨＤ練習反應強度的分級，例如生氣的強度從一至五。讓孩子從

一數到五，音量逐漸隨數字放大。讓孩子瞭解一、二的生氣強度比較微弱，三比較適中，四、五的反應很明顯。

你也可以在YouTube上，播放颱風影片，幫助孩子瞭解不同強度的颱風所呈現出來的模樣，讓孩子腦海裡有畫面，比較容易進入狀況，瞭解及掌握情緒分級的情況。

取得同意授權碼

＊「趨避性」：ADHD對於周遭的人、事、物傾向靠近。這對發展來說，並非壞事，多少能增加孩子與周遭事物的連結，也為自己製造了更多互動的機會。

不過，「主動趨近」與「衝動」這兩者之間，必須加以分別。孩子到底是主動趨近、熱情，還是衝動，研判的關鍵在於是否給彼此帶來麻煩。

由於ADHD容易衝動，平時多引導孩子練習在靠近時，先徵詢對方的同意。

例如：「請問我可以看一下這個東西嗎?我可以摸一下嗎?」「我可以跟你一起玩嗎?」讓孩子先取得授權碼，徵詢對方的同意，以減少他人認為被干擾的狀況，造成不必要的尷尬，以及預防對方的冷眼側目。

持續保持良好適應度

＊「適應度」：ＡＤＨＤ相對於其他孩子來說，適應能力快很多，他們可以很容易融入陌生的情境，很快適應與周遭他人的互動。

這一點繼續保持，對孩子的成長來說會有良性的加分作用。

強化堅持度力道

＊「堅持度」：ＡＤＨＤ相對就比較弱了些，容易傾向放棄。大人適度地堅持，引導孩子面對眼前的困境、提升孩子繼續做的動機，很是必要。

例如孩子對於拼圖很容易放棄，為提升孩子的堅持度以持續進行拼圖，可以將拼圖難度予以拆解，從片數少的逐步增加，以提升成功的機率。大人的態度扮演重要的角色，當我們容易妥協，孩子也容易跟進而選擇放棄。

至於「情緒本質」及「規律性」，每個孩子因人而異。ＡＤＨＤ孩子在這兩項特質上，沒有明顯的過與不及。

ASD的氣質教養術

規律中，保持彈性

「阿敏，不要再轉圈圈，老師看得頭好暈。小朋友們趕快坐下來，現在把彩色筆拿出來，我們今天要畫的主題是動物園。你們可以把自己喜歡的動物畫下來。」

「老師，你可不可以請阿敏不要叫？很吵耶！而且他都不聽你的話，還在一直轉圈圈。」寶兒抱怨著。

「阿敏，趕快坐下來！」采玲老師隔著一段距離喊著。但阿敏沒有任何反應，盡是活在自己的世界，不停地轉啊轉，轉啊轉。

「阿敏，律動課已經結束了，現在是畫畫課，趕快坐下來。」老師趨前走向阿敏，

輕輕拉著他的手臂，瞬間孩子情緒激動地大叫，雙臂擺動的力道更大，差點揮到采玲老師。

「好好好，我不抓，你趕快坐下來。」

老師協助阿敏從抽屜把彩色筆拿出來，但阿敏直接走到教材櫃，拿出恐龍拼圖，坐回位置就拼了起來。

「可是阿敏，我們現在是畫——」采玲老師話說到一半，心想：「算了，既然他拼拼圖可以安靜下來，就先讓他做自己喜歡的事情吧，不勉強。畢竟融合不見得一定要做相同的事情。」

老師發現，每回只要課程轉換，阿敏的情緒就會顯得浮躁，很難像其他小朋友快速地進入狀況，需要很長一段時間調適。除非當下讓他做喜歡的事——恐龍拼圖。

雖然采玲老師知道阿敏經診斷為自閉症，也明白這些孩子有些共同的特質，例如溝通問題、固執性、社交困難等障礙存在，但自閉症光譜的異質性很大。身為老師，還是希望能有一個全面瞭解孩子的方式，這將有助於懂得在課堂上，如何與阿敏和諧相處。

焦慮不等於過動

＊「活動量」：就「自閉症譜系障礙」（Autism Spectrum Disorder，ASD，又稱「泛自閉症」）孩子的氣質來說，「活動量」並沒有明顯的過與不及傾向，這一點無明顯個別差異存在。

自閉症孩子當處在不安的情境下，容易呈現出焦慮的情緒反應，你會觀察到他的活動量明顯較大。但重點在於他的焦慮情緒及適應的問題。切入點不在於調整孩子的活動量，而是「以穩定情緒為優先」。

「專注」與固著不同

＊「注意力分散度」：這項特質往往很容易和ASD的固著性混淆在一起。ASD孩子面對感興趣的事情時，注意力會過度地集中在這些事物上，對於周遭的刺激產生忽略而不注意。

他們對於事物往往採取了選擇性的過度關注，因此在切入時，要讓這些孩子逐漸從他所關心的事物，延伸到其他我們想要讓他瞭解的事情上。

例如孩子只對昆蟲感興趣，容易過度專注在昆蟲上，而排除對其他學習的關心與注意。

當我們想要讓孩子認識數字時，就可以將數字與昆蟲進行連結。比如，在一張紙上出現五隻瓢蟲，讓孩子寫下5；出現九隻蜻蜓，讓孩子寫下9。透過瓢蟲、蜻蜓等昆蟲的出現，引起孩子對數字產生連結與注意。

因為ＡＳＤ對於關注事物太過於專心，為了讓孩子能夠注意眼前的大人，請事先將他所關注的事物移除。例如孩子專注於旋轉的電風扇葉，在與孩子對話前，請先將電風扇開關關閉，讓電風扇停止轉動，以減少孩子的過度注意。

對「人」不來電——感官刺激的過與不及

＊「反應閾」：ＡＳＤ與其他孩子相比之下較高，這一點和ＡＤＨＤ孩子往往呈現出兩個極端。

關於這點，必須特別說明：ＡＳＤ對於人際的反應刺激相對缺乏，周遭他人的互動往往無法讓他產生反應。這時，需要周圍的人以大量、誇張與明顯的表情、動作和語氣，引起他的注意。

但ＡＳＤ孩子對於感官刺激，例如視覺、聽覺、觸覺、嗅覺、味覺，則很容易出現過與不及的反應。有時只要一丁點雨的滴答滴答聲，就讓孩子產生不舒服、不安、激動等情緒反應。或蓮蓬頭的水沖到皮膚、毛巾擦拭著臉，孩子可能就尖叫。

你會發現同一個孩子，可能手腳撞到桌角瘀青，或不時用拳頭猛敲擊額頭、太陽穴，卻沒有明顯的疼痛反應。

由於ＡＳＤ對感官刺激的反應較為異常，這部分將視孩子的異質性，進行不同的因應調整。

反應強度弱，不等於沒情緒

＊「反應強度」：這項氣質在不同的ＡＳＤ孩子身上，也出現異質性。

有些孩子反應強度微弱，當被捉弄、欺負時，縱使內心感到生氣、憤怒、不安、

緊張、焦慮、害怕，但卻無法明顯地表現出來，周圍的人感受不到孩子當下有任何情緒。

對於情緒反應強度微弱的孩子，平時多與孩子練習如何表達自己的情緒強度，好讓對方瞭解當下自己的情緒。

當ＡＳＤ孩子的情緒反應強度過大，往往需要大人協助給予安撫與轉移，以緩和他的情緒。

漸進的誘惑

＊「趨避性」：ＡＳＤ對於周遭的人、事、物傾向逃避，這一點對於孩子的生活、學習與人際，往往產生負面的影響。孩子在天生氣質上，面對人、事、物總是傾向於逃避，過度謹慎，不願意主動接近、碰觸，常常保持遙遠的距離。

但這也不是全然不好，逃避，至少讓自己保持在一種安全的狀態。

為了提升孩子的趨近，減少過度逃避，可採取漸進的方式。例如買了新玩具回家，刻意在孩子面前打開之後，爸媽玩得很起勁、有趣，眼神不時飄向孩子，面帶微笑以吸引他的注意。或將新的物品打開，放在孩子看得到的視線範圍內，以引起孩子對於這樣新玩具的好奇、接近。

記得，不要強迫。

攜帶安心小物

＊「適應度」：相較於其他孩子來說，ASD的適應能力相對地弱很多，需要花很長的時間才能融入陌生的情境，與周遭他人互動。這一點對於ASD的發展明顯造成扣分現象。

我們可以採取漸進的方式，讓孩子逐漸適應眼前的情境。

例如在前往療育地點之前，事先透過照片或影片，讓孩子逐漸熟悉上課的教室。

並讓孩子隨身攜帶安心的小物，以轉移注意力。

逐漸讓ASD觸及以後他所需要接觸的環境，例如未來即將進入小學，在時間的允許下，提前讓孩子一點一點地進入日後要就讀的學校裡。先讓孩子熟悉整個學校的大環境，然後是小學一年級的教室、操場、遊樂場、校門口、廁所。

「堅持」與「固著」的分界拿捏

＊「堅持度」：ＡＳＤ相對較強些，對於所執著的事情比較能夠堅持完成。但在這部分，需要留意孩子的「堅持度」和「固著」之間的關係。

通常，堅持往往對自己或他人帶來相對好的影響，固著則容易造成自己或他人的困擾。請觀察孩子堅持的事物是什麼，留意孩子看待事情的彈性，以及對於不同事物的接受度。

至於「情緒本質」及「規律性」，每個孩子因人而異。ＡＳＤ孩子在這兩項特質上並沒有特別明顯的過與不及。

孩子咬手指頭，怎麼辦？

協助焦慮氣質的孩子

「我已經跟你講了多少遍，不要再咬手指頭，把一堆細菌、病毒吃到肚子裡。到時候生病了，得看醫生，你就不要再哭哭啼啼，老是說不聽。」

即使媽媽這麼講，伊伊依然把手放進口中咬著。

「你這孩子到底怎麼搞的？難道真的要我威脅你、恐嚇你，才會改變？如果再咬，我就給你塗花蓮剝皮辣椒，很辣的哦。」

媽媽說歸說，但當然不會這麼做，只是心裡想總得要嚇嚇看，否則說破了嘴，孩子依然不為所動。

然而，不管媽媽如何下猛藥，如何讓伊伊知道繼續咬指甲的後果有多糟糕，孩子咬指甲的行為卻依然沒有停止下來的跡象。特別是當需要接觸新的人、事、物時，咬指甲的行為更加明顯。

幼兒園老師也發現，伊伊在班上與其他小朋友比起來很「慢熟」。當要求她站起來回答問題、上臺表演時，咬指甲的行為就會出現。

「老師，伊伊好髒哦，把手放到嘴巴裡。我們才不要跟她玩，到時候得腸病毒。」

「對嘛！真的好噁心。她摸過的玩具我們才不要碰呢，到處都是口水。」

老師也非常困擾，伊伊咬指甲的行為，導致小朋友對她產生反感、排斥，不願意和她一起玩，這讓伊伊在幼兒園咬指甲的行為更是雪上加霜，頻頻出現。到底該如何是好？

確認喚起焦慮的壓力源

為什麼孩子很難適應？**試著找找孩子身上可能存在的壓力源。**對於學齡前幼兒來說，受限於語言表達的能力，往往無法周延、全面、完整地說出他所感到焦慮、壓力、害怕或緊張的事物，這時，請多幫孩子說出他心裡的感受。

我們以孩子對於適應環境感到焦慮而咬指甲為例，面對新環境的陌生，有些孩子需要花比較長的時間適應。若我們沒有任何的作為，只是痴痴地等待，隨著時間的拉長，過程中沒有大人的協助，處在不自在的環境下，時間越久，孩子的焦慮強度會越強烈。

讓孩子安心的陪伴，有助於降低焦慮指數

有機會多帶孩子熟悉即將接觸的校園，或在前往學校的路上，多帶孩子接觸讓他感到輕鬆、他喜歡的事物，例如路上經過小公園，或到便利商店稍坐。

逛逛校園周邊的環境，引導孩子多加認識生活周遭所遇見的事物，以提升孩子的認知、語言能力。

讓孩子攜帶他感興趣的玩具到學校。如果老師願意，允許孩子進行他喜歡的玩具活動，或設計孩子喜歡的活動，讓孩子願意踏入幼兒園的機率提高，頭過，身就過。

在教室裡，老師可以協助觀察有哪些小朋友和孩子可以玩在一起，友善、親切、主動、微笑，這有助於孩子融入班級適應。有人陪伴、有人一起玩，這對孩子來說可以明顯降低焦慮及壓力。

而平時或放學後，爸媽多和孩子聊聊在班上與其他小朋友互動的狀況。讓孩子的注意力逐漸聚焦在班上比較輕鬆、有趣，以及自己期待的事物上。

爸媽可以多為幼兒園的環境，或未來即將進入的小學校園拍拍照片。照得越仔細、有越多細節越好，比如校園裡的花草樹木、遊樂設施、校園建築、走廊、教室、圍牆、校門口，或是校園裡面的裝置藝術、雕像等。

國小上學期間或放學時，多帶孩子到未來即將進入的小學，在校門口或學校附近看著小朋友上學、放學的樣子。讓孩子逐漸熟悉在特定時間，有許多小朋友同時進入學校或離開學校，以降低日後入小學，突然面對一群人而感到焦慮、不安、害怕、恐懼、畏縮而不願進入學校的可能。

進行類似的活動時，可以讓孩子攜帶他感興趣的玩具在身上。過程中，越是輕鬆越好，有助於孩子將眼前的情景與輕鬆、愉快的心情做充分的連結。

第二章

從焦慮態度中，正向地引導孩子

孩子黏著媽媽分不開，怎麼辦？

「安全」與「信任」是依附關係的雙重氣囊

「姍姍，我們上課嘍，該進教室了。」宇晴老師說著，但姍姍躲在媽媽的身後，兩隻手緊緊抓著媽媽的衣角。

「小朋友都在等你玩嘍，我們趕快進來。」

「媽媽，你陪我進去。」珊珊壓低了聲音，使盡力氣要把媽媽推進教室。

「不行，小朋友上課，大人不能進去。我在教室外面等你，半個小時之後就下課了。」

「媽媽，你陪我進去。」珊珊非常堅持要媽媽陪。媽媽顯得無奈，只能苦笑著對

宇晴老師說：「現在該怎麼辦呢？」

宇晴老師也困擾著：如果讓媽媽陪著珊珊進教室，擔心其他孩子也要求自己的媽媽進來，同時顧慮有些小孩看到團體裡有陌生的大人在，行為表現會壓抑起來。

「珊珊，你進來，老師待會讓你玩好玩的遊戲，真的很好玩哦！」老師想透過利誘的方式，看看孩子是否能夠被引誘進教室。

「我不要！我要媽媽陪我進去！」

「那麼老師把門打開，讓媽媽可以看到你在裡面玩怎麼樣？」宇晴老師終究得想想辦法。

其他小朋友已經在等著珊珊上課。三缺一，雖然團體課依然可以進行，但是老師一時不知道該如何解決眼前這棘手的問題。

還是說乾脆打開門，讓媽媽陪著珊珊在外面看其他小朋友活動？但這麼做，又好像哪裡怪怪的。畢竟家長來診所並不是要看其他小朋友玩遊戲。擺在眼前的，很明顯是孩子的「分離焦慮」。

只是這回珊珊來參與的是團體課，課程的目標設定主要是小朋友的社交互動，而不是處理分離焦慮的議題。是否要讓珊珊先改為一對一上課，好好處理她和媽媽的依附關係？這是宇晴老師內心正在思考的問題。

早期療育別錯過：**意中心理師來解惑**

信任加持，安心加倍

「依附關係」是孩子在成長過程中，與主要照顧者（例如媽媽）最早的情感建立，深深影響到孩子的安全感與信任感的發展。

無論在生理需求或情感需求上，孩子對大人總是充滿著依賴。既然是需求，我們當下自然該給予立即的滿足。當孩子尿布溼了、肚子餓了、肚子脹氣或想睡覺時，主要照顧者立即給予回應，將有助於讓彼此的依附關係更加緊密，並發展出「安全型」的依附。

對於安全型依附關係的孩子來說，當主要照顧者離開自己的視線，孩子可以感到信任，因為他知道媽媽離開之後，時間一到，媽媽會再出現於他的眼前。

在當下，孩子可以感到安心、自在，同時專注於眼前的事物上，並維持情緒的平穩。孩子總是充滿著獨立、自信，以及對周遭事物好奇與探索的能力。

安全型依附關係的立基點，往往建立在孩子出現了生理、心理需求，而照顧者適時地進行反應，並且滿足孩子的需求。這裡也充分顯現出親子之間的默契、大人對於孩子的瞭解與大人對孩子的信任。

當孩子離開媽媽身旁時，媽媽溫柔地看著孩子，在安全的情況下，放手讓孩子去探索。孩子遠離之後，有時會回過頭看著媽媽，這時媽媽對孩子微笑，孩子回以微笑，再繼續轉頭探索，時而再跑回到媽媽身上，抱一下、親一下，又轉身繼續探索。

讓自己當下的情緒穩定，在安全的前提下，放手吧！你的信任，將讓孩子感到安心。

孩子最早與重要他人（主要照顧者）的情感建立、依附關係發展中，如果發展得好，那麼孩子的信任感與安全感將非常完備，反之亦然。

當孩子嘗試跨出他的一步，甚至於爬上階梯，在安全的優先考量下，主要照顧者（例如媽媽）露出微笑，眼神專注地看著孩子，在在傳遞著一個訊息：孩子，你可以的，媽媽在旁邊陪伴你。抬起腳，向前跨出去，你會發現眼前的世界有許多地方值得你探索。

當我們表現出對孩子的信任，我相信孩子自然而然就更願意去探索周遭的事物。以安全優先為前提下，在你的視線範圍內，孩子將逐漸遠離，而孩子也清楚地知道，你會像個堡壘，在原地等待著他探索回來。

你的信任讓孩子充滿了安全感，讓孩子帶著笑容看著你，接著轉身，繼續探索，鼓起勇氣跨出他的每一步，或爬上每一道階梯。孩子展開笑容，往未來的無限發展，跨出他生命中的每一步。

讓孩子深深感受到媽媽就像安全的堡壘般，也讓孩子對自己有了自信。

親密的假象

我們大人的反應，很容易影響到孩子的下一步。就以練習走路或爬樓梯為例，當年幼的孩子搖搖晃晃地跨出每一步，這時身旁的主要照顧者（例如媽媽）如何反映

當下的情緒，是緊張？不安？擔心？焦慮？將成為重要的關鍵。

我相信，當下這樣的負面情緒也會感染並傳遞給孩子，讓孩子裹足不前，無法順利跨出下一步。我們的舉動讓孩子感受到驚嚇，同時也讓孩子對於尚未探索的未知，也連帶著有了負面經驗的連結。

這就像孩子一隻腳準備跨上階梯時，腳都還沒有踏下去，媽媽反應過度地衝過來或立即制止——對孩子來說，踏下去那一剎那會是多麼可怕的事情啊！

當孩子一離開媽媽的視線，媽媽過於緊張、焦慮，突然大聲叫孩子：「○○回來，不准過去，那邊很危險！有沒有聽到？趕快過來！」甚至於衝過去，二話不說便一手把孩子抱回來。你可以想像，孩子嚇都嚇死了，漸漸就不敢再去探索，索性在你身上流連，抱著你，黏著你，纏著你——看似關係很是親密，但一切卻是假象，反映的其實是依附關係出了問題。

孩子分離焦慮，怎麼辦？

如何讓無尾熊離開尤加利樹？

「媽媽，現在上課時間已經超過半個小時了，如果小茜真的不想進來學校，就不要再要求她了，不然今天就先請假。」

「老師，我有點為難……待會還需要上班，孩子要是請假，家裡沒有長輩可以照顧。」

「可是小茜一直不進來，我們也很為難。其他小朋友還要上課，她常常這樣黏著你不放，分不開，也不是辦法。如果勉強她進來就大哭大鬧，我們真的沒有那麼多的人力、時間來處理。有些小朋友也已經受到她的影響，動不動也在哭著找媽媽、

想媽媽，這讓我們很頭痛……不然，媽媽你就陪小茜進來，至少先讓她願意進來再說。」

瑪莉老師實在不想在大太陽底下站那麼久，今天氣象播報的溫度還挺高的。

「可是、可是……我上班時間真的快來不及了。這段時間已經遲到了好多次、請了好多假，單位主管已經在抱怨了。」

「不然，怎麼辦？」這句話已經成了瑪莉老師的口頭禪。

說真的，媽媽可以理解老師的為難，但她真的不知該如何是好。

如果比照以往選擇強硬的方式，硬和孩子分開，強拉她進入幼兒園，往往適得其反，讓小茜更加抗拒來上學，也更難和自己分開。可是如果不選擇這麼做，自己根本無法脫身上班。

媽媽好羨慕教室裡其他孩子們的自由自在。她很納悶：為什麼小茜無法像其他小朋友一樣？到底自己在教養上做錯了什麼事，演變成今天孩子無法和自己分開的窘境？

小茜如無尾熊抱著尤加利樹般緊抱著自己，讓媽媽好生尷尬。三個人僵在幼兒園的大門口，進退兩難，動彈不得。

說到做到，信任加值

面對分離焦慮的孩子，當主要照顧者（例如媽媽）準備要離開孩子的視線時，建議清楚地告訴孩子：「我要去什麼地方，什麼時候回來。」

例如當你告訴孩子：「小茜，媽媽今天七點會回來。」最好在七點或之前就能夠準時回家。**說到做到，讓孩子對於我們所說的話感到信任，這一點非常重要。**

當我們清楚地告訴了孩子時間，卻未在那個時間點出現在他面前，當下很容易喚起孩子的內在小劇場，胡亂想一通。

「七點了，媽媽為什麼還沒回來？」「媽媽是不是在路上發生什麼事情？」「爸爸要不要打電話給媽媽，問她現在在哪裡？」每一齣小劇場的開演，在在告訴著我們一件事情：孩子又啟動了他的過度擔心與焦慮。

為了有效地改善孩子的分離焦慮，提升孩子的信任感與安全感，要盡可能地說到做到。減少孩子對於原本預期應該發生的事情（七點，媽媽準時回到家）卻沒有發生，而產生的過度聯想（如同以上的小劇場）、過度焦慮（頻頻奪命連環叩）。

對孩子來說，當心裡認為事情會依照原定計畫發生，例如「七點準時回家，說到做到」這件事，一次又一次地符合孩子的預期，強化了他的信任感，對於我們離開他的視線，亦能夠達到讓孩子安心的作用。

只是現實中，時間的掌控難免不盡如人意，例如經常遇到不可抗拒的突發狀況，像是加班或路上塞車。因此關於回家的時間，出門前可告訴孩子：「小茜，媽媽今天八點會回來。」寧可提前回家，也不要晚回家。

適度的分離

隨著孩子長大，在安全與合理的範圍內，我們有必要與孩子維持適度的分離，像是大人上班或孩子上課。

若孩子與自己不容易分開，建議平時多安排孩子參與一些他感興趣的活動，藉由活動，讓孩子從對媽媽過度注意，轉移到對於活動的參與，例如足球、直排輪、畫畫、鋼琴、舞蹈課等。

平時可多與他聊這些課程內容有趣的地方，讓孩子能把注意力轉移到這些活動上，減少對媽媽的過度關注，或是過度在意媽媽離開他的視線。

當家中有其他的照顧者，比如爸爸或爺爺、奶奶，這時主要照顧者（例如媽媽）可適時離開孩子的視線。

適度地與孩子分開，但請提醒自己，一切都在安全的範圍內進行。在離開之際，最好孩子當下有他專注的事物，或玩得正起勁，處於最輕鬆的狀態。

爸媽可以善用各縣市的親子館，親子館裡面有許多玩具、教材。當孩子進入親子館，在爸媽陪伴的安全範圍內，保持距離，讓孩子在爸媽的視線範圍內四處探索。

當孩子開始離開我們的視線，越來越遠，反映的是對我們的信任感與安全感，分離焦慮指數相對地就會下降。

避免突然之間不告而別。如果必須離開孩子的視線，在安全的範圍內，建議明確地告知孩子，以孩子可以理解的方式讓他懂，例如：「媽媽下樓等垃圾車，倒完垃圾，媽媽就上來了。」

倒完垃圾後，建議直接回家，避免在社區與鄰居聊天，結果孩子在家中長久等待，造成孩子對於我們的不信任。

孩子在教室不說話，怎麼辦？

讓孩子知道你懂他焦慮而緘默的心

祐祐靦腆地笑著。他總是靜靜地坐在位子上，眼睛骨碌骨碌地環視著四周。

「來，小朋友準備好了嗎？跟著老師一起唱——在小小的花園裡挖呀挖呀挖，種小小的種子開小小的花，在大大的花園裡挖呀挖呀挖，種大大的種子開大大的花……」

多數的小朋友和喬伊老師一起琅琅上口，並且做出那挖啊挖啊挖的動作。

祐祐依然靦腆地笑著。

無所謂，對喬伊老師來說，當班上百分之九十幾的小朋友大聲唱和著，就足以讓整個教室轟隆轟隆起來。

無所謂，不需要每個人都開口。這些年，讓喬伊老師頭痛的是那些愛說話的孩子。反而有些孩子靜靜地在教室裡，卻也成為一幅美麗的風景。

祐祐不說話，絕對不是什麼問題的。更何況其他活動，他都有參與，雖然還是靜靜地不說話，但老師不以為意。

然而，孩子內心十足的焦慮，卻無人知曉……

早期療育別錯過：**意中心理師來解惑**

別強求孩子發出聲音

孩子在幼兒園一直不說話，怎麼辦？

別強迫孩子一定要用說話的方式來回應。我們和孩子打招呼時，孩子可以用眼神、微笑、揮揮手或肢體做出反應。

特別留意：在幼兒園的教學過程中，自己是否經常要求孩子得開口說出來，或要求孩子說話大聲一點，或是對於孩子說錯話的反應太大。

留意孩子在幼兒園說話時，是否曾經被嘲笑過？或班級老師在處理班上其他孩子說錯話、說話太小聲時，反應太過激動？

留意班級經營的氛圍。較為輕鬆、幽默、溫柔的教學環境，讓孩子相對容易自在、適應。

選擇性緘默孩子在教室裡，很容易緊張、焦慮、不安、畏縮。過多的要求很容易適得其反，只會造成他們對於說話行為更緊張、更害怕、更退縮。

錄音的破冰之旅

把聲音帶到幼兒園，讓孩子瞭解，當他的聲音被老師聽見了，也沒有發生什麼事。採取一對一的方式，私底下進行這項練習。**不要急躁，慢慢來。**切記不要突然之間，在其他小朋友面前把孩子的聲音放出來。這突如其來的動作容易造成反效果，

讓選緘兒更加畏縮，越不講話。

慢慢地，讓聲音暴露，讓孩子逐漸可以接受自己的聲音被老師聽見。當發現如此做，孩子的焦慮逐漸緩和了，隨後再加上其他較熟悉的小朋友一起聆聽選緘兒的聲音。

在公共場所自然對話

爸媽可在平時帶孩子到公共場所，例如自然地走進便利商店，很自然地和孩子對話，讓孩子的聲音可以在旁邊有人的情況下被聽見。

不要刻意要求孩子開口和店員說話。越是刻意，孩子越容易抗拒。試著和孩子坐在便利商店裡，邊喝飲料、吃東西，邊聊天，一切自然。

越是自然，孩子日後在類似的情境下，開口說話就會更加順利、自在。

強迫，請限制使用

選擇性緘默症孩子很容易過度聚焦在自己的聲音被聽見。日常生活中，避免一直要求或提醒孩子：「你在幼兒園要開口講話，你要跟老師打招呼，你要跟老師說再見。」

「你要……你要……」將讓孩子到後來更不想要開口。

允許孩子可以使用他的方式和老師打招呼。點頭、微笑、揮揮手，都是打招呼的方式之一。

以遊戲助燃聲音出現

從遊戲中引導，以遊戲做為媒介，有助於讓選緘兒更輕鬆、自在地開口說話。越是自然，越不刻意，孩子反而比較容易說出來。我們的刻意得要隱藏在遊戲的技巧下，讓孩子不自覺地轉移注意力，將聲音放出來。

例如「花豹追羚羊遊戲」，讓一些孩子扮演花豹，一些孩子扮演羚羊。倒數三、二、一，羚羊開始往前跑，後面的花豹開始往前追。追逐過程中，安全第一。

引導扮演羚羊的小朋友在被花豹追逐的過程中，表現出緊張、害怕、恐懼，可以不設限地發出自己想像的叫聲。扮演花豹的小朋友也可以自由聯想各種聲音，或發出「喵喵喵」，和貓咪一樣很萌的叫聲。

將聲音自然而然地加進遊戲裡，讓孩子在玩的過程中，可能因為緊張、興奮、有趣，自然將聲音釋放出來。在進行追逐遊戲時，引導「羚羊」快跑，邊跑可以邊叫，「花豹」邊追可以邊叫，一切自然就好。

在幼兒園階段，不建議特別與孩子討論他在教室裡不說話這件事。過度地討論，反而容易讓學齡前幼兒對於說話這個行為更加地過度注意。

「聲音躲起來」的遊戲

針對幼兒園孩子不說話，在處理上得非常謹慎，避免孩子把注意力太過於關注在說話行為上，這很容易誘發他的焦慮情緒，導致他更加難以開口，緘默更加頑固。

我們可以和孩子玩「玩偶躲貓貓」的遊戲，告訴孩子：「玩具躲起來了，你的聲音也躲起來了。」間接讓孩子知道他在團體中的緘默不說話。

「你的聲音躲起來了，它躲到哪裡去了呢？什麼時候它才會跑出來？躲太久，有時候會忘記到底躲在哪裡了。為什麼你的聲音要躲起來呢？是因為它害羞，它緊張？還是你心裡面在想，我可以讓我的聲音變不見，只要我的聲音不見，就沒有人可以要求我說話。」

「我們的心，有時也需要出來曬曬太陽，呼吸新鮮空氣，看看窗外的陽光。有時辛苦太久，聲音也會變得很辛苦。太久沒開口說話，有時我們的聲音說出來也會變得怪怪的，沙沙的。你想讓它大聲，卻發現音量鈕怎麼老是轉不動。」

「你的聲音可能躲在哪裡呢？抽屜裡、床鋪底下、屋頂上、棉被裡、衣櫃裡，還是鞋子裡面？你的聲音真的是太調皮了。我知道你的聲音常常也感到害怕、不自在、扭扭捏捏。」

和孩子說說聲音躲起來的故事，自編或改編都可以。讓孩子知道你懂他的心，焦慮而緘默的心。

獎勵與懲罰的注意事項

別和亞斯兒談條件！

「阿吉，仔細聽好，如果再講話，老師就要蓋哭哭臉。集滿三個哭哭臉，你就真的要哭哭了，就別想去遊戲角玩遊戲，聽到了沒有？」

「老師，我不要哭哭臉。」

「所以你就要保持安靜，不要講話。」

「我就是不要哭哭臉。」

「你是聽不懂我的意思嗎？保持安靜，我就不會給哭哭臉。如果再講話，就別怪我蓋哭哭臉給你。」

「我不要哭哭臉。」

「你是腦筋打結是不是？怎麼還是聽不懂老師說的話。我再跟你解釋一次，你保持安靜，我就不會蓋哭哭臉。如果你像跳針一樣再說一次『我不要哭哭臉』，那麼我就——」

「我就是不要哭哭臉。」

瑞恩老師這時直接在布告欄上阿吉的名字底下，蓋了一個深紅色的哭哭臉。

「啊！啊！啊！」阿吉發出淒厲的尖叫聲。「啊！啊！啊！」

這聲音令人感到耳膜刺痛，教室裡的孩子們雙手摀著耳朵，有些小朋友被嚇得哭了出來。

「你在幹麼？叫什麼叫？」瑞恩老師拉高音量，頓時又讓阿吉尖叫起來：「啊！啊！啊！」這回連老師也用兩隻手把耳朵蓋住。「你這孩子真的是莫名其妙！」

阿吉真的是莫名其妙嗎？其實老師踩到了阿吉的「大地雷」：對阿吉來說，被蓋哭哭臉簡直就是天塌下來的大事。這讓他的理智完全斷了線，情緒排山倒海而來，完全失控了。

阿吉衝上講臺，把布告欄整個推倒，「砰！」的一聲，讓小朋友又尖叫了起來，教室的屋頂簡直要被轟炸開來。

亂了，亂了，亂了，整個教室的秩序亂了。瑞恩老師的思緒也亂了——該如何收拾眼前的殘局？

早期療育別錯過：**意中心理師來解惑**

談條件，傷感情——使用獎勵的注意事項

在演講中，我常說：「兩歲擺不平，三歲別想贏。小班、中班你搞不定，大班你就拿他沒辦法，更何況進入小學後。」

我們與孩子的相處並不是要論輸贏，然而**在孩子處在「他律」階段（四歲至八歲），大人必須扮演著管理的角色，讓孩子的行為有所遵循，行為規範能夠建立**。

要讓孩子接受你，最快的方式就是陪他一起玩，透過遊戲、透過好玩、透過彼此愉悅情緒的交流，孩子就會喜歡上你。進一步地，你說的話，孩子通常能夠配合及埋單。

我們必須思考：為什麼自己總是和孩子談條件？

通常以條件做為一種獎勵的設定，主要是針對孩子眼前活動的要求。在能力的要求是他仍然達不到的時候，便透過獎勵，來鼓勵、誘發與強化孩子好行為的出現。

也就是說，當和孩子談條件、給獎勵去做某件事情時，孩子是可以拒絕進行，也有權利這麼決定的。

獎勵的設定與移除時機

發現孩子缺乏某些能力時，可以運用獎勵的方式來誘發孩子，讓孩子有動力表現出好的行為。對於獎勵的給予，一開始設定的目的，就是要讓孩子獲得眼前這份獎勵。如果一開始獲得獎勵的難度增加，學齡前孩子很容易就會放棄。

初期獎勵的設定，頻率可以密集一點，這麼做比較容易讓孩子的好行為穩定地出現。例如孩子的行為一出現，我們就立即給予回應，立即拿出增強物。

不過，對於孩子已經出現、穩定發展的行為，或孩子有能力做、應該要做的事情，這時是否繼續使用獎勵來強化，我予以保留。

關於獎勵的設定，一開始就要思考：增強物在什麼時間點得要漸漸地移除掉。當孩子表現出某個行為，我們給予獎勵；但隨著時間過去，孩子繼續表現出某個行為，

我們的獎勵就得要漸漸地退出，最後甚至於不再有獎勵。

獎勵是階段性的、是外在的，我們最終的目的是希望引導孩子往「內在動機」發展。

在學齡前階段，因為孩子處在他律時期，這時大人很容易採取獎勵與處罰的方式來面對孩子，以有效地管理孩子的行為表現，讓好的行為能夠維持，不好的行為消失。不是不能和孩子談條件，但是要避免讓許多關係都建立在這種條件式的基礎上。因為這很容易讓彼此的關係顯得薄弱，彼此的情感很難交流，少了互相瞭解的機會。

別和亞斯兒談條件！

當我們和亞斯兒談條件：「你做了什麼事，我就給你什麼獎勵」，這時亞斯兒很容易把注意力放在獎勵上（「固著」開始旋轉），才不管他的行為表現是否符合與你的約定（啟動「忽略」模式）。

若和亞斯兒談條件，例如「把玩具收拾整齊，就可以玩手機」，這時，亞斯兒腦海裡想的盡是玩手機，而隨隨便便收拾玩具。

你一一檢查，發現孩子沒有把玩具歸定位，於是告訴他：「不行，你玩具沒有收拾好，還不能玩手機。」

亞斯兒想要這個獎勵，自認為已經做完該做的事情，收拾好玩具了，卻聽你說：「不行，你還沒有符合表現，還未達標準」，這時很容易誘發亞斯兒的強烈情緒——我要就要，你卻不給——親子衝突一觸即發。

被亞斯兒扣分，就沒戲唱

忌諱的是，若大人採取「做到就給你獎勵，沒做到就剝奪你的獎勵」，對於「扣分」這個舉動，亞斯伯格症孩子是非常敏感的（爆炸係數×5、×10倍）。

我常強調一件事，和亞斯伯格症孩子沒有了「關係」，後續事情都免談，沒戲唱了，謝謝收看。

切忌與亞斯兒談條件，避免採取扣分、扣點的方式，這是孩子的大地雷。縱使孩子違反了規定，未達標準被你扣分、扣點，也許事先彼此都已經說好了，但在被扣的情況下，孩子的情緒依然容易被引爆。

當我們採取扣分的模式，很容易和孩子的關係決裂、衝突。這些衝突不需要多，

一次、兩次很容易就造成孩子對於眼前大人的負面印象難以抹去。

印象黑了，就白不回來

由於亞斯伯格症孩子對於許多事物很容易陷入「非黑即白」二分的固著思考，你在他心目中的印象一旦破壞，這時黑了就很難再白回來。想要改變他對你的看法，洗白難度將會變得非常高。

創造「天上掉下來的禮物」

如果真的要給予孩子獎勵，建議**主動觀察孩子「已經表現出的好行為」**，例如：「媽媽發現你這兩個禮拜都主動收拾玩具，現在看你要不要玩手機，如果要的話可以玩三十分鐘，當然你也可以不要玩。」

讓這個獎勵從天上掉下來，這對孩子來講，印象會更加地強烈而深刻，他已經存在的正向行為也將進一步被強化。

換個方式好好說

以「正向告知」取代負向提醒

「小剛！誰叫你把玩具放到嘴巴？髒死了，得腸病毒怎麼辦？現在馬上去洗手！還有我提醒你哦，洗手就洗手，不要給我玩水弄得滿地都是，如果有小朋友滑倒，你就完蛋了。」

「小朋友不要講話，安靜，趕快做你們該做的事情。」

「阿堂，你不要在那邊走來走去。」

「小玫，拼圖做完了嗎？還沒做完的話就趕快做。」

「不要跑！你們兩個在幹麼？玩具不要丟來丟去的，打到頭怎麼辦！」

教室裡一陣混亂，讓妮娜老師感到焦頭爛額，不時像打地鼠般，一下子警告小剛，一下子威脅阿堂，一下子提醒小玫。

「小剛，我不是才提醒你不要玩水，你到底在幹麼？弄得衣服都溼掉了。教室裡沒有你的備用衣服，去把乾毛巾拿過來。」

「不要亂碰老師桌上的東西，我剛才已經整理好了。你們這些小朋友到底怎麼搞的？為什麼老是講不聽？」

妮娜老師的班級經營已經脫序了，隔壁向日葵班的海倫老師皺著眉，不時地探頭過來。

「妮娜老師，不好意思，能不能請你們班安靜一點？我們這邊都聽得很清楚。」海倫老師委婉地說。

「我也想要安靜啊，可是我們班有那麼多特殊生、疑似生，單單處理這些小朋友就讓我一個頭兩個大。」

問題究竟出在哪裡？妮娜老師一直不解，只能怨自己的運氣不好，自己班上特教的濃度特別高。但問題真的在這裡嗎？

負向提醒多說無益，有礙關係

智能障礙、發展遲緩或自閉症的學齡前幼兒，往往無法有效地分辨「能」與「不能」，我們告訴孩子該做的和不該做的，他們容易產生混淆。

例如面對眼前禁止碰觸的物品（電腦螢幕或玻璃瓶），我們告訴孩子：「不要亂碰，雙手擺後面。」「不能靠近，不可以用手摸，只要用眼睛看就好。」然而對於孩子來說，一下子又是碰、又是雙手擺後面，或一下子又是靠近、又是摸、又是用眼睛看，雖然你不斷提醒「不要」、「不能」、「不可以」，但這些負向的制止到底長什麼模樣，孩子也搞不清。到後來，孩子混淆到無法清楚地分辨大人到底期待他怎麼做。

甚至於，有些孩子本來不會靠近或用手去觸摸，卻在我們提醒之後，更強化他對

於負向行為的注意，例如碰、靠近、摸等，更加誘發這些不當行為的出現。

我們給予太多的負向提醒之後，孩子卻越刻意地做出不符合大人期待的事。負面的提醒，往往卻讓孩子過度去注意我們所提醒的事物。負面的提醒，並不等同於孩子就知道該如何正面地去做。

我們針對負向行為不斷地提醒、糾正，總是抱持著一種天真的想法，認為告訴了孩子「你不要怎麼做」，孩子自然而然就會切換他應該要做什麼。但這是兩回事，孩子做了不該做的事，不等同於他就知道該做什麼事。

當我們說「不要跑，慢慢走」，這時，「跑」跟「走」都是動詞，對孩子來說都是一個印象深刻的動作。但是，「不要」到底長什麼樣子？印象卻是模糊的。

我們一直告訴孩子：不能這樣、不能那樣、不可以這樣、不行那樣，孩子的印象反而都在於我們所交代的那件事情。至於不能、不可以、不行長什麼樣？說真的，縱使你用雙手在胸前打一個大叉，對孩子來說還是很難懂。

當我們所下達的指令包含了負面提醒，例如告訴孩子：「喝水時不要吐出來，這樣很髒，把地板弄得髒兮兮的。」這麼說只是一直在提醒孩子不要把水吐出來，但孩子還是不知道他該怎麼做，我們的話反而加深了他對於「吐水」的印象。

若希望孩子喝水時，把水直接喝進去，可以很單純地告訴孩子：「現在，喝水。」並且以動作示範，直接喝給孩子看，接下來讓孩子做練習。過程中，孩子可能又繼續玩水、吐水，這時再示範一次：「現在，喝水。」喝水的動作可以刻意明顯，或慢動作做給孩子看。

不過度強調他吐水的行為，以避免孩子對吐水過度地專注。

生活中，這樣的經驗處處皆是，例如等電梯時，與其告訴孩子：「不要亂按電梯，小心手被夾到。」倒不如告訴孩子：**「我們好好地站在這裡。」**當我們好好地站在等待區，孩子自然而然就不會把手伸進電梯。

與其告訴孩子：「不要超越黃線。」倒不如告訴孩子：**「我們站在黃線後面。」**

與其告訴孩子：「不要跑，慢慢走。」倒不如我們就直接說：**「孩子，我們慢慢走。」**

當孩子上課坐在地上時，我們若告訴他：「不要坐在地上，地板很髒，站起來，坐回你的位置。」這麼說的指令太過複雜，有正向、負向，孩子往往會混淆不清。

所以就**直接告訴他：「現在我們坐在位置上。」並且示範給他看。**讓孩子在概念上、記憶中、印象裡，逐漸增加當下他所應該要做的事情的內容。

池子裡都是好魚

直接引導孩子當下怎麼做。例如：「雙手擺後面，我們用眼睛看就好。」當我們告訴孩子用眼睛看，雙手擺後面，這時孩子只需要記得「眼睛看，雙手擺後面」的動作。或許孩子記不住我們講的全部，但至少記下來的都還是正向指令，符合當下的情境，可以表現的行為。

對於發展遲緩、智能障礙及自閉症孩子，**因受限於理解能力，因此在輸入相關的指令訊息時，建議「以正向指令為主」，直接告訴他們怎麼做，會比較適切。**當孩子知道怎麼做，就可以避免去做眼前不該做的事。

我們所下的指令，就是孩子「當下可以做的事」。因為下達這些指令時，孩子不見得能夠專注地理解、記憶，特別是還要順利地提取出記憶，將我們下達的指令動手做出來、說出來、反映出來。

縱使孩子因為容易遺忘，提取出的百分比有限，沒有辦法全部記得與做得到，但至少他從好的行為池子裡，所撈出來的魚都是好魚，是我們期待他出現的好行為。

負向牽連，負向糾纏

面對高敏感或傾向於負面思考的孩子，當我們使用太多負向指令，很容易讓孩子將自己與這些負向情緒的負向提醒牽連在一起。

你可以想想看，聽到「不要亂動」、「不要亂碰」這些要求時，內心很容易浮現的情緒會有哪些？例如感到生氣、憤怒、不解、羞愧、厭惡、委屈等負向情緒。通常這些負向指令往往也像在提醒眼前的孩子「你的能力做不到」，或是我們對於孩子的行為無法感到信任。

孩子無法在外面上廁所，怎麼辦？

從釐清「抗拒的原因」開始

「你們怎麼又跑回來了？」阿嬤問母子倆。

「還不是翔翔又吵著要回家來上廁所。」媽媽說。

阿嬤疑惑：「大賣場不是有廁所嗎？難道是人那麼多，排隊排不上啊？」

媽媽無奈地解釋：「唉！那還用說，不是沒有廁所的問題，你也知道翔翔在外面是不會上廁所的。」

「你這樣會不會太順著他了？每次才出門就跑回來，那以後怎麼出遠門、怎麼上小學？」阿嬤搖著頭說。

媽媽兩手一攤。「不然能怎麼辦？憋不住，到時候拉得整個身上都是。現在大班了，也不可能包著尿布出門。」

「還好家裡離大賣場近，不然我看你們趕回來不就都急死了。」阿嬤邊搖頭邊嘆氣說著。

這時，廁所傳來翔翔的呼喚聲：「媽媽，我大好了。」

媽媽走到廁所，對著兒子眼睛一瞪。「你這孩子真的是故意折磨我。明明大賣場的廁所打掃得那麼乾淨，我要陪你上，你卻不上，就是故意要給我找麻煩。那以後我們乾脆不要出門算了。」

「屁股抬起來。」媽媽邊用溼紙巾幫翔翔擦拭屁股，邊說：「我看你以後上小學怎麼辦，都不要喝水，都不要吃飯，都不要上廁所。以後我不可能到學校把你接回來上廁所，你以為媽媽不用上班工作啊！」

接著拿乾的衛生紙擦了兩三下，說：「褲子自己穿起來。」

翔翔問：「媽媽，現在要走了嗎？」

「走，去哪裡？」

「大賣場啊，我還要看那邊的玩具。」

「看個頭，這樣來來回回，不會累呀？今天我們就不要再出門了。」

幼兒園老師也一直好奇：為什麼翔翔很少在學校上廁所？不喝水，點心時間也不太吃，午餐也只是吃了那幾口。

老師一直覺得翔翔不對勁，也感受到他在幼兒園渾身不自在，沒有辦法專心地參與課堂上的活動，總是覺得他心不在焉，似乎在擔心什麼事。

面對「孩子抗拒在家以外上廁所」這件事，到底該如何是好？

早期療育別錯過：**意中心理師來解惑**

大小便能否自行解決？

先釐清孩子在家裡是否能夠自行順利地上廁所，例如小便、大便。

有些小男孩可以站著對馬桶尿尿、坐在馬桶上大便，可以自行動手擦拭清潔屁股，並穿好褲子。尿尿時，自己可以適度地褪下褲子，不會把整條褲子脫下來，脫在地上。

當孩子以上這些日常生活自理的大小便能力已經發展出來，在家可以自行處理，但卻抗拒在幼兒園或其他公共場所上廁所，請進一步釐清：孩子對於家裡以外的情境，**面臨的壓力源是什麼？**

抗拒在外大小便的「壓力源」

如果在家裡會坐馬桶，幼兒園普遍也有坐式小馬桶，百貨公司、公共場所也有親子廁所，可以坐，不需要蹲，這時可以先排除孩子不會蹲的問題。

有些孩子抗拒在外面上廁所，原因在於廁所不乾淨，太過於潮溼、骯髒、太臭，而寧可選擇回家再上廁所。

有些孩子則是因為幼兒園或公共場所有太多人在排隊等待、被催促、廁所外太嘈雜，造成內心的壓力，而逃避在外上廁所。

試著幫孩子說出他的感受，引導孩子說出他的想法：「翔翔，媽媽在想，你不想

在外面上廁所，是因為廁所不乾淨、太潮溼、味道太臭？或是外面有人在等、有人敲門，讓你覺得緊張？」

有些孩子無法順利在外面上廁所，關鍵在於對陌生情境的適應，需要花較長的時間才能調適。

提升在外如廁的頻率

為了讓孩子能夠順利地在外面上廁所，建議平時可以先從小便訓練開始。先選擇較為乾淨的公共場所，例如百貨公司（先排除美食街的廁所，美食街的廁所往往人太多，使用頻率太高），採漸進的方式，讓孩子逐漸適應。

有些孩子抗拒使用外面的廁所，特別是馬桶的坐墊太大，自己的小屁股往往容易懸空，兩隻腳也騰空，有時候大便一用力，整個屁股就會下墜，讓孩子處在緊張的狀態。

特別留意孩子在外上廁所的經驗值，避免不好的印象、負面的連結，造成孩子對於在外上廁所更加抗拒。

第三章

從情緒表達中，智慧地幫助孩子

孩子不聽話，怎麼辦？

預防選擇性配合，提高指令的勝率

襪子被拋扔在地板上，久久沒有人來處理。此情此景，讓媽媽真的是按捺不住。

「大和，把襪子撿起來。別每次一回家襪子就亂丟，如果讓爺爺滑倒，你就完蛋了。你有沒有聽見？襪子撿起來。」

大和不為所動，繼續玩著他的寶可夢，襪子依然無人認領，靜候誰來帶它走。

「我在跟你說話，你到底有沒有在聽啊？回來脫下襪子就直接丟到汙衣袋裡。習慣這麼差，每次都隨地亂丟。丟了是誰要來撿啊？」說真的，媽媽講出這句話，自己都不好意思了。誰來撿？最後還不都是自己撿。

「你這孩子是石頭啊？我在跟你講話，竟然理都不理。襪子給我撿起來！我數到三。一……不要以為媽媽不會再數哦。二……我再提醒你一次，我要數到三了哦。如果你讓我數到三，後果你就自己負責。」

媽媽也不知該給大和什麼後果。孩子當然是不能打，罵也不是沒有罵，只是罵歸罵，對大和完全沒有作用。

「襪子撿起來！你這孩子真是的，講都講不聽。老師還說什麼你在幼兒園都自己來，騙誰？我就不相信……」媽媽邊抱怨邊彎下腰，將襪子撿起來。嘴巴碎碎念，邊走往後陽臺。

早期療育別錯過：**意中心理師來解惑**

選擇性配合——見人說人話，見鬼不說話

有些問題很尷尬，孩子在學校，一切可以自己來，不管是自己動手擠牙膏、刷牙或整理自己的睡袋，外套自己穿，書包自己拿，襪子自己脫，鞋子自己穿……一切

的一切看在老師的眼裡，都覺得孩子很懂事，夠自律。

孩子回到家裡，卻變了一個樣，瞬間退化了：站在原地不動，等著你幫他拿下書包；抬起腳，等你幫他脫鞋子、脫襪子；一遇到刷牙的時間，總是嚷嚷著：「媽媽，你幫我擠牙膏，我不會，我擠不出來啦！」

頓時，讓爸媽開始懷疑起幼兒園老師看見的，到底是不是自己的孩子。怎麼和在家裡看到的判若兩人，完全不一樣？孩子盡是挑人配合，柿子挑軟的吃（曾幾何時，自己早已成為軟柿子）。

我常常說：孩子熟悉我們，勝過我們熟悉他。孩子很會察言觀色，可以很清楚地瞭解學校老師的原則及堅持度。回到家裡，他也知道對於自己不配合，爸媽也莫可奈何，而自己的要求、索求，爸媽得照單全收。

我們很容易罵著、嘮叨著，告訴孩子：「我跟你說，這是最後一次了，下次你得要自己來。」這句話聽在孩子耳朵裡，內心也偷笑，因為明天還是一樣，一切從頭開始，砍掉重練：「自己回到家，依然不配合，爸媽凡事還是得聽我的。」

當孩子出現選擇性配合，例如在幼兒園聽老師的指令，回到家卻不服從爸媽的要

求，這時抱怨無濟於事。**與其期待孩子改變態度，最直接的方式就是重新調整與孩子的關係。**

先別急著要求或命令。對於幼兒園階段的孩子，只要平時我們願意和孩子玩在一起，讓孩子覺得我們有趣，孩子很容易服服貼貼。你說了什麼話或做出什麼要求，孩子的配合度是高的，畢竟是好朋友嘛。

成為神槍手——提高下達指令的高勝率

避免過於頻繁下指令或要求，這很容易讓孩子看見我們的弱點。戰場開得太大，爸媽容易疲於奔命，沒辦法堅持。

「我跟你說，今天是最後一次，下次……」別再這麼說了，越說，孩子可是越不把我們的話當作一回事啊！

你是否曾經想過，每天在對孩子要求、下達指令這件事情上，自己的勝負率到底有多少？

既然我們選擇、決定在這個時間點，對孩子做出要求，就得要有把握勝出。畢竟指令下達的啟動按鈕在自己的手中和口中。這關係到大人的指令是否能有效達到應有的作用，讓孩子有反應。

如果你沒有把握，少安勿躁。

不做不錯，少做少錯，看似消極，卻是維護自己指令有效性的最安全考量，以預防孩子不把我們的話當作一回事，無所謂，不在乎，不在意，當成耳邊風般懶得理。「你說你的，我做我的」，依然故我。

當你手上有一把命令槍，裡面裝了十枚子彈（指令），若對著孩子亂槍打鳥（別忘了，有時他所展現出來的可是不聽話的老鷹啊！），砰、砰、砰……十發子彈中了兩槍，命中率百分之二十。但你也浪費了八顆子彈（無效指令高達百分之八十）。

另一種情況是慎選要求的時機。

為維護你的指令高效率，在對的時間，以對的口吻、語氣、語調、字眼、說話方

式、走位、眼神、距離等，發射出你手中的子彈（口中的命令）。只打出兩顆子彈，讓命中率高達百分之百，勝率漂亮得令人瞠目結舌，孩子也配合得無話可說。

提醒自己**在忙的時候，就不要下指令。**孩子知道在那當下，沒時間的你很容易妥協的。試著翻翻農民曆，選個良辰吉日，細膩地並有把握地對孩子下達指令，進行要求。

轄區分清楚——誰的場子，誰負責

誰的場子誰負責，這一句話很現實，也很殘酷。在家裡、幼兒園之間的轄區，必須加以分清楚。孩子很聰明，會觀察在不同的情境下，大人對自己是否莫可奈何，拿自己沒轍。孩子會從大人的反應，決定自己是否要配合照著做。

丟在地上的襪子，誰來撿——建立負責的基本態度

當你走到孩子身旁，先不要說話。眼神注視著孩子，直到他眼睛注視著你，再開

口說。

若孩子眼睛還是不看你，這時輕輕碰觸他手上的玩具，仍按兵不動，以誘發孩子眼睛注視著我們。

當孩子眼睛看著你時，你再開口說話，例如說：「襪子，撿起來。」

如果說完話，孩子依然不為所動，不當一回事，繼續玩著他的樂高積木——違抗的味道開始瀰漫，你已經嗅到孩子在挑戰自己的指令。

我們當下的要求是合理的，畢竟襪子是孩子脫下來丟在地上，誰丟誰撿，一切合理。

現在這場「要求與配合」的決賽，比數〇：一，孩子暫時領先。

請沉住氣。

再度把手放在他的玩具上，直到他眼睛看著你，再說一次：「襪子，撿起來。」

如果孩子依然不為所動，這時你可以讓孩子二選一：「現在，一個是你自己撿起來，另外是我來教你如何撿起來。既然你還在學如何收拾襪子，那我就慢慢地來教你，不急。既然你需要學，那麼我們遊戲的時間、滑手機的時間就先減少，我們就慢慢來，慢慢來，學習如何把襪子撿起來。」

不疾不徐，放慢說話的速度，讓孩子從我們說話的口吻，感受大人對這件事情的

堅持態度。

當我們講了，孩子還是不為所動，你用手碰觸孩子，孩子當下卻把你的手揮開，親子關係出現裂痕已是不爭的事實。

這時你可能很無力、很納悶：為什麼孩子年紀這麼小就不聽話？

然而，孩子當下還是需要做他該做的事情，除非他反映出自己不撿襪子的理由。否則在學齡前，孩子處在他律的階段，他的行為需要大人來管理及規範，不能讓孩子為所欲為，沒有界限，想幹麼就幹麼。

撿襪子這件事，我們依然得帶著他做。仔細想想看：假如我們連要孩子把他脫在地板上的襪子撿起來都無法要求，那麼往後在日常生活中、學習上，我們還能要求孩子什麼？孩子不能對什麼都無所謂，把什麼都看成理所當然。

讓孩子心悅誠服——「遊戲」是關係催化劑

與其我們要求孩子學會配合、聽話，按照指示做，倒不如好好與孩子發展出玩伴的關係，透過「玩」當媒介，孩子很容易接受我們的要求，心悅誠服地去做。

要改善與孩子的關係，關鍵除了玩，還是玩。只要跟孩子玩在一起，讓孩子覺得你充滿了樂趣、有趣、新鮮，喜歡上你，當彼此關係建立，這時要孩子聽話、配合指令，相對來講就會比較容易。

如果只是對孩子下命令、講道理、威脅、指責、糾正，只會讓孩子討厭自己。玩，不是要迎合孩子，而是以玩遊戲做媒介，拉近親子之間、師生之間的關係。玩，就如同潤滑劑、黏著劑，對於關係的維繫，可以增加更長久的保存期限。

當你要求孩子收拾玩具，但直覺發現孩子應該不會完全配合收拾完畢，這時可以透過「想像遊戲」引導孩子收拾玩具。

啟動遊戲模式，想像自己是怪手，開始把東西逐一挖起來，放到玩具箱。

當發現孩子收拾需要花時間，這時先由我們主動問孩子（老闆）需不需要幫手、工人，並詢問一天薪水多少。透過想像，協同孩子收拾玩具，以預防當要求孩子收拾玩具，結果收不完而索性拒收。

孩子不合理要求，怎麼辦？

向孩子學習致勝祕訣

「我要手機！我要手機！我要手機！」小威像唱片跳針般不停地喊著。

「小威，你煩不煩啊？我跟你講了多少遍，別老是想要玩手機，你是要讓眼睛瞎掉是不是？」

「我要手機！我要手機！我要手機！」

「你再吵，我以後就不讓你玩！給我安靜一點。你不知道鄰居現在在睡午覺嗎？到時阿姨來敲門罵人，你就知道。」

「我要手機！我要手機！我要手機！」

「你怎麼還是講不聽啊？不玩會怎樣？要玩就晚一點再玩嘛！家裡有那麼多玩具可以選，幹麼一直玩手機！」

「我要手機！我要手機！我要手機！」

「我真的受不了你了。我跟你說，這次只能玩十分鐘，聽到沒？時間一到，你一定要給我收起來，知不知道？真是的，沒有手機到底會怎樣？我跟你講，這是最後一次了……」

就這樣，這一次，媽媽又繳械了。可以確定這一次，絕對不會是「最後一次」。沒多久，這樣的戲碼又將原封不動地再來一次，像八點檔長壽劇一樣。

「我要手機！我要手機！我要手機！」孩子的喊叫像魔音環繞，久久揮之不去。

致勝密碼——「跳針」的威力

孩子始終講一樣的話：「我要手機！我要手機！我要手機！」而我們只是不斷地跟他解釋、說道理、談條件，最後結局依然是將手機交了出去。

這當中，你有沒有發現孩子致勝的密碼，就是只要把話一次又一次重複地講，例如：「我要手機！我要手機！我要手機！」就讓大人招架不住，傷透腦筋地想盡各種臺詞，想要說服孩子，但最後還是孩子輕而易舉便讓我們妥協了。

與其說孩子堅持，倒不如說孩子很聰明，將話一次又一次重複地講，例如：「我要手機！我要手機！我要手機！」在這個過程中，孩子不需要思考，只需要重複地說這些臺詞即可。

這一招夠厲害，孩子在整個討價還價過程中，占盡了優勢，不需要傷腦筋，只要重複地說，不需要耗費力氣。

複製貼上，現學現賣

這一點，為人父母可要向孩子學起來。當孩子的要求不合理，我們必須要比孩子更加堅持。在做法上，比照孩子，不管孩子如何開口，我們都是說同一句話。例如孩子說：「我要手機！我要手機！我要手機！」這時你的回應是：「拼圖、樂高選一個！」

「我要手機！我要手機！我要手機！」——「拼圖、樂高選一個！」
「我要手機！我要手機！我要手機！」——「拼圖、樂高選一個！」

目前的比數呈現拉鋸，這時誰輸誰贏，就看親子之間誰能夠力撐到底。先開口改變說話內容的人，就等著被對方瓦解。

再次強調，面對孩子的不合理要求，你必須比他更堅持！

透過想像遊戲，融化銳氣

「媽媽，你趕快過來陪我玩！」

「等一下啦，我現在在7-11買東西，現在結帳人很多，你稍等一下。」

「還要等多久？」

「我看一看，大概還要等三、四個人。」

「那你動作要快一點。」

「好啦，我結帳完就去找你了。」

想像遊戲的經典，主要是透過語言就可以玩起來。面對孩子的支配行為，我們可以試著透過想像遊戲來進行微調。

透過遊戲修飾孩子的行為，讓孩子比較可以接受，而不是採取強硬的方式，要孩子妥協。當我們採取強硬威脅的方式，到底是想教孩子什麼？想讓他學習到什麼？你怎麼做，孩子就怎麼學。「複製、貼上」，對孩子來說，這是最安全的選擇與做法。

特別留意孩子想要掌控你情緒的行為表現。當我們越是表露出自己的負面情緒，這時越容易讓孩子發現原來大人的情緒會受到他的影響，進而加以掌控。

別讓孩子抽取「地下水」

孩子持續在抽取「地下水」，不配合你，不把你的話當一回事，讓大人的指令高塔動搖、傾斜，自尊心開始下陷。你不得不承認，我們的地位正在逐漸下沉中。孩子的支配、掌控能力與在家的地位、在教室裡的影響力，則呈等比級數上升中。

孩子在家中，在幼兒園裡，越來越大尾，甩都不甩誰。落得如此下場，孩子不埋單，頻頻出現對立反抗，對於大人情何以堪？

別再告訴孩子：「你不要再哭了！」

孩子可以怎麼表達自己的情緒？

媽媽念著小艾：「你到底是在哭個什麼勁？怎麼動不動就在哭？這次又是誰欺負你了？有什麼事就直接開口說。只會在那邊哭哭啼啼，看著就讓人心很煩。去洗把臉，洗一洗心情會比較好。繼續這樣哭，我看你眼睛腫得到時候都睜不開了。」

小艾愛哭，連哥哥都故意學她，在她面前哭了起來：「嗚嗚嗚……嗚嗚嗚……」哥哥越是這樣捉弄，小艾更是放聲大哭。媽媽很討厭聽到哭聲，聽著聽著心情就壞了起來。每回見小艾在哭，媽媽總是顯得很不耐煩。

「你都已經大班了，又不是小 baby，不會講話。難道你要這樣一路哭到進小學？

到時候被同學笑，我看你怎麼辦。沒有人想跟你玩，你就只能一個人在學校孤孤單單。」

媽媽想嚇嚇小艾，看看能不能讓她收斂一下愛哭的行為。沒想到不說還好，越說反而越糟糕。

不是說不能哭，但哭總該有個原因。可是小艾不講，媽媽也不知道。

幼兒園老師也不時反映：「目前班上有些小男生總是愛嘲笑小艾『愛哭鬼，沒人愛』。」不用想也知道，當小朋友越是這樣子捉弄，小艾就哭得越起勁。

哭似乎成了小艾每天的基本功課。而且媽媽發現這孩子越哭，肺活量越大，聲音越來越宏亮，並且哭得越來越久，完全沒有停止下來的跡象。

對於小艾的哭，媽媽已經瀕臨崩潰的邊緣，也感到很納悶，心裡不時在想：「這個孩子是不是情緒哪邊有毛病？是不是有什麼情緒障礙呀？難不成要帶她去看醫生？如果愛哭到去看醫生，會不會被笑啊？」

說真的，孩子沒去看醫生，自己這個做媽媽的都得去求助精神科醫師了。

「不要哭」——壓抑的安撫

看到孩子哭，我們很容易直截了當地告訴孩子「不要哭，不要哭」。乍看之下在安撫孩子，事實上這麼做卻是在壓抑孩子。

當我們這麼做，正是在告訴孩子，哭這件事是不被允許的、不應該的，所以你必須立即停止哭這個舉動。

仔細想想，孩子哭泣是否正牽動著我們自己的負面情緒？例如煩躁、無奈、厭惡、不安、生氣、反感等。想要讓孩子不哭，不單純是為了孩子好，有時只是為自己著想。我們一直在明示、暗示孩子：「哭不是好事，不是大人喜歡的事，不是大人能夠接受的事，不是大人期待你表現的事。所以別哭，懂嗎？」

然而，我們告訴孩子不要哭，卻少了引導他可以如何表達自己的情緒。**不能哭、不要哭，那麼孩子可以怎麼表達自己的情緒？**

當孩子常常哭、愛哭或是哭了停不下來時，我們大人千萬不要在旁邊威脅、恐嚇，甚至數落他：「你再這麼哭，就沒人愛了。」「再這麼哭，人家會討厭你哦。」「再這麼哭，你就會越哭越醜了。」

哭到底該如何停止？我們可以先回過頭來想想：過去孩子不哭了，是什麼原因讓他停下來的？

以哭做為一種套利手段

你可以觀察孩子的哭是否收放自如、乾淨俐落。注意孩子在哭泣的背後，有他所要達到的目的。孩子面對不想做的事，就哭；想要的東西要不到，就哭。而當孩子逃避了不想做的事、達到所要的事，哭就停止了。哭已經成為孩子為了達成目的的手段。

如果研判哭是手段，就得要削弱哭這個行為。當下最好不要有任何反應，靜靜地看著孩子，先不說話，仔細觀察孩子的哭會持續到什麼時候，以及如何收尾。

清楚地讓孩子瞭解他哭泣背後的目的，也讓孩子瞭解，以哭做為手段是無法達到預期的作用，除非他以適當的方式來表達。

孩子哭泣是否需要安慰、安撫，關鍵在於哭的原因。若是情感上的哭，是需要我們安慰、安撫、轉移或擁抱的。

我喜歡這樣問自己：「眼前孩子的行為，到底要告訴我什麼訊息？」以這種方式來思考，讓我增加想要瞭解孩子、認識孩子的動機，不會僅從表面的偏見就貿然處理。

如果不想要孩子用哭來表達，那我們期待孩子可以用什麼樣的方式？長期以來，我們是否引導過孩子，並與孩子一起練習，而不是口頭說說？

假戲真做，無法收攤

有些孩子哭到後來假戲真做，原本是做為手段的哭，結果哭了之後，最後收拾不回來，停不下來。這種情況下，我們依然會採取安撫、轉移的方式，但並不會對他所提出來的要求給予妥協。

我們很容易選擇順著孩子，但風險是容易讓孩子對於我們予取予求，這時的哭就變成是情緒勒索。孩子透過哭來套利、來要求，讓我們妥協以達到他所要的目的。

平時隨時留意所到之處，是否有哪些空間、角落，在哪個時間相對地人潮比較少，帶著哭泣的孩子到這些地方，減少別人關注的眼神，我們的壓力相對會減輕許多，在面對孩子哭的當下，我們也比較能夠從容應對。

面對孩子摔東西，爸媽該如何是好？

「四歲以前」和「四歲以後」的應對方法

「不准丟！你這個小孩怎麼那麼暴力？怎麼可以拿玩具丟姊姊？」

媽媽話才剛說完，小堅二話不說就把手上的積木朝姊姊丟過去，還好姊姊的反應夠快，閃了過去。

「媽媽，弟弟拿積木丟我！」

「你這個孩子怎麼講不聽，我才剛剛跟你說，你還是照丟。」媽媽說著順勢拍打小堅的手背。

小堅氣呼呼地再次抓起桌上的積木，作勢要朝姊姊丟過去。姊姊也不甘示弱，直接把手上的布娃娃朝弟弟的頭砸過去，小堅痛得哇哇大叫，放聲大哭。

雖然姊姊直接拿起布娃娃砸向弟弟，看似衝動，但她卻刻意選擇比較柔軟的布娃娃。因為她知道如果真的學小堅把積木從頭砸下去，那他不受傷才怪。

媽媽被眼前姊弟倆的爭吵弄得心情煩躁，拉起嗓門，破口大罵：「你們兩個人都不要給我玩玩具了！小的講不聽，連你這個做姊姊的也這樣，都小學二年級了，還在跟小班的弟弟吵。有什麼好爭吵的？玩具統統給我收拾乾淨！」

姊姊抗議：「誰叫弟弟先丟我的，他每次都這樣，講也講不聽。」

「你這個做姊姊的還不是一樣？」媽媽念完姊姊，再轉向弟弟罵：「還有小堅，你到底是從哪邊學來這些壞習慣？動不動就拿東西丟人、摔東西，你以為東西都不用錢啊？東西打到人都不會受傷嗎？這麼暴力，以後長大還得了?!」

「無律階段」——智慧性的幽默轉移

＊對於「無律階段」——四歲以前的孩子

在處理孩子的行為問題上，我們可以很技巧性地協助他轉移注意力。

例如當孩子拿起玩具準備丟向另一個小朋友，這時我們可以順勢把孩子手上的東西接起來，告訴小朋友：「現在我們來做伸展運動。一二三四，二二三四，轉圈，身體搖擺，向前伸展。」自然化解孩子想丟東西的舉動。

當孩子又作勢要把玩具丟出去，我們再次順手握著，邊喊：「接殺出局！」「傳到一壘，封殺出局！」發揮想像力，跟孩子玩起棒球遊戲。

孩子仍作勢要丟東西，我們可以順勢牽起他的手，說：「開始梳梳頭髮，化化妝，拍拍臉，按摩一下。」我們越是用幽默的方式來處理，孩子的注意力就越容易被我們轉移，激動情緒相對地比較容易快速緩和。

在改善孩子的負面行為與情緒上，大人讓自己變得好玩、幽默有趣，會是非常關鍵的親子教養能力。

你可以腦力激盪，任何你想得到的方式都可以。透過遊戲來化解孩子的不適當行為，轉移的技巧是避免讓孩子把注意力聚焦在丟玩具的負向行為上。

我們越是提醒孩子「丟」的負向行為，反而讓孩子越容易記住這個不被允許的動作。轉移的做法，特別適合用在「無律階段」的孩子。

「他律階段」——必要的規範學習

＊對於「他律階段」——四歲至八歲的孩子

如果他作勢要丟小朋友，我會板起面孔，以嚴肅、冷靜的口吻告訴他：「你在做什麼？」隨後再加上：「既然你還在學習如何與小朋友玩遊戲，那沒關係，老師慢慢來教你，老師不急。我們先在旁邊看，先看看其他小朋友怎麼玩、怎麼講話、怎麼互動。我們什麼時候會玩了，就再回來跟小朋友一起玩。」

針對孩子的不適當行為，給予他在乎、在意的行為後果。這個後果是暫時中斷孩子玩遊戲（剝奪他玩遊戲的權利），同時藉由嚴肅的表情（嫌惡刺激），讓孩子把「不適當行為」與「厭惡表情」做連結，並讓孩子練習觀察、模仿其他同儕如何玩遊戲（正向行為示範，同儕模仿學習）。

拋開我們最常有的反應：「ㄟ，不可以丟」、「你再丟丟看」、「你再丟，你就不能玩」。我們很習慣使用威脅的方式，想透過處罰來壓制孩子的行為。

我們總是天真地認為，當自己對孩子提出了警告，他就會改變自己的不當行為。

摔出心中一把火

你很納悶：為什麼孩子一生氣，動不動就開始摔東西？面對這個情景，可以想像大人心裡的一把火也正燃燒著。

我相信許多為人父母鐵定不接受孩子有摔東西這個舉動。要是摔習慣，長大了還得了？無法無天。

我們仔細地想一想，過去孩子生氣摔東西時，自己的反應及處理方式。

當孩子摔了東西，我們很容易在第一時間就要求他馬上把東西撿起來。我們發出執行命令，以威嚇的方式進行要求。

然而，並非每個孩子在這當下都會聽命行事，不埋單的所在多有。孩子不接受命令、不配合要求，在情緒被刺激之後，接著又歇斯底里地摔了第二樣東西、第三樣東西。

再次強調：我們接受孩子的情緒，但並不等同於我們接受他任何的情緒表達方式。

孩子不能為所欲為，他的情緒表達需要有界限，不能逾越界限，必須在合理範圍內，有所規範。

當瞧見孩子準備動手摔第二件物品時，建議你迅速握住他手上的東西，不說話，冷靜地看著他。

當下，孩子會用力拉扯，但終究你的力氣還是比較大。繼續看著孩子，你的表情帶著嚴肅，冷冷地看著。你的不動正告訴孩子一項訊息：你不接受當下他摔東西的情緒表達方式。

我們選擇當下不說話，一是減少對孩子刺激，二是避免讓自己的生氣情緒表露出來。試著維持這樣的冷靜暫停狀態，先讓摔東西行為不再出現。

不急著處罰孩子，當下不要威脅或斥喝孩子，例如：「你再給我摔看看，後果你就自己負責。」「你在幹麼？你在做什麼？誰教你摔東西？你再給我試試看，你再給我丟丟看！」

我們想要用威嚇的方式來遏制孩子摔東西，卻容易誘發孩子強烈的生氣情緒。理智線都斷了，親子邊境的衝突將不斷。

請在事後，待彼此冷靜之後，清楚地向孩子表達，例如：「我知道姊姊亂碰你的積木，讓你很生氣，但並不等同於你生氣就可以摔東西。」

我們必須思考一件事情：不允許孩子摔東西，那麼孩子在當下可以怎麼表達自己的生氣情緒？

情緒表達有一項重要的基本原則：不要給自己帶來麻煩，例如動手打人、辱罵三字經、破壞他人的物品等。

試着想想自己可以接受孩子以什麼樣的方式表達情緒，例如不說話、瞪著眼睛、雙手握拳、跺腳、離開現場、掉頭就走等。

沒有一定的答案，但你卻需要有答案，否則孩子依然無所適從。

孩子怎麼生氣，你才不會生氣？

別再輕忽「情緒表達」這件事

「老師，浩浩把我做的積木推倒，而且用腳踩壞了！」小蓮邊哭邊說著。

老師一聽，轉向浩浩說：「浩浩，你在幹麼？誰教你這麼做？過來跟小蓮說對不起。」

「我不要！」浩浩斷然拒絕。

「不要什麼？你現在馬上給我過來，有沒有聽到？」

「我不要就是不要！」

「你再不過來，後果就自己負責。今天就不要吃點心，下午就不要玩遊戲，我要跟你爸媽講。」

「我不要就是不要！」

面對個性像牛一樣拗的浩浩，不把自己的話當作一回事，一旁還有哭泣的小蓮及其他像吃瓜群眾的小朋友，一下子讓老師的面子拉不下來。

既然孩子不過來，老師索性走過去，伸手作勢要拉他。浩浩冷不防地趨前咬了老師手臂一口，讓老師痛得哇哇大叫，撫著手臂上的咬痕罵：「你在幹麼?!」老師的右手舉高，旋即又放了下來，告訴自己：「冷靜，冷靜……」這是身為老師不時得提醒自己的話。

「你這孩子究竟有什麼毛病?!」老師覺察到自己最後「毛病」這兩個字的音量突然變小。

教室的秩序一團混亂。問題是這種狀況，今天不是第一次發生，當然也不會是最後一次。

與孩子找出彼此的默契

「孩子怎麼生氣，你才不會生氣？」這句話，這些年在我的演講中不時出現。

為什麼這個自我提醒的觀念，我要像個嘮叨的歐吉桑，一而再、再而三地反覆提醒？

因為我發現一件殘酷的事實，就是每回在演講現場提及這件事，詢問現場的聽眾們，發現當場舉手表示自己與孩子之間有這份默契（孩子怎麼生氣，你才不會生氣？）的爸媽或老師等，真的好少好少。

這意味著什麼？是否這麼多年來，我們和孩子之間，都沒有建立起彼此可以接受的生氣表達方式，**孩子沒有被教導可以如何適切地表達情緒。**

既然孩子長期以來沒有被教導，那麼很自然會當場以最原始的方式來回應，以動手、尖叫、哭鬧、辱罵三字經、摔東西、甩門等表達他的憤怒情緒。

我經常提醒孩子與家長們一件事：生氣很自然，我們不否定孩子的生氣情緒，不

要求他「你不要生氣」，來壓抑、否定孩子的主觀感受。

重要的是，孩子該如何表達他的生氣情緒，而不會為自己帶來麻煩。例如動手會導致他人受傷，破壞物品會造成損毀，而日後違反校規或違反法律。

有時在社會新聞上會看見人與人之間因為一些紛爭，例如車子差點相撞，結果其中一方或彼此拿起球棍、安全帽、鎖頭，大打出手。當這些事一而再、再而三地發生，我直覺地想：是否這些人從小都沒有被引導可以如何表達自己的生氣情緒，而不會為自己帶來麻煩？（互告傷害是很麻煩的。）

車子差點相撞，面對路上的三寶或冒失鬼，在衝突的那當下很容易誘發當事人的生氣、不爽情緒。如同前面提到的，這些情緒很自然。

但是，如果我們不希望他們做出這些動手、傷人的舉動，那麼又期待他們怎麼做呢？

如果孩子在平時不加以練習，刻意練習如何適當地表達生氣與憤怒情緒，那麼你又如何期待他們不動手呢？

我常提及自己家中，大人、小孩這十幾年來的情緒表達方式，主要就是兩種：一是在外面，大人和小孩生氣時會選擇不說話。二是在家裡，大人和小孩生氣了都會進房間，門可以關、可以鎖，就是不能甩門。

為什麼可以鎖？因為備用鑰匙在客廳，安全。甩門當然不允許，當甩門成為習慣，孩子未來進入職場，對老闆、主管甩門，可能就得直接離職走人。

閱讀到這裡，是否有提醒到你呢？

我常半開玩笑地說，演講的保存期限通常都不到二十四小時。期待這篇文章可以保存得久一點。希望你能有所行動，一起與孩子找出彼此的默契**（孩子怎麼生氣，你才不會生氣？）**，祝福你與孩子。

孩子故意搗蛋，怎麼辦？

主動發出關注訊號

「是誰把地板弄得這麼溼的？」老師問。

小朋友們手指向阿鋒，只見阿鋒在座位上哈哈大笑。

見這態度，老師念叨：「你這孩子怎麼搞的？做錯事情還在那嬉皮笑臉？地板弄溼了，誰來擦？小朋友滑倒了怎麼辦？你以為老師沒事情做？整天忙你們這些調皮搗蛋的事，課都不用上了。你是故意要整我是不是？」

碎念完，老師說：「去拿拖把來，把地板擦乾淨。」但阿鋒一起身，老師又改變主意：「算了，你坐下來。我別自找麻煩，叫你拖地，到後來一定給我玩起來。」

這一點老師倒是有先見之明。

阿鋒發現自己在教室裡好像隱形人。每次舉手要回答問題，舉了好久，老師卻連看也不看，注意力都不會放在他身上，開口閉口都是「小芹好」、「小光棒」、「哲哲厲害得不得了」。

「那我呢？」阿鋒心裡想著：「我當然是超級好、超級棒、超級厲害得不得了。只是……只是……為什麼老師都沒看見？」

於是他乾脆「小試身手」，把水壺的水倒在地板上。

「耶！這一招還真有效，馬上被老師看到，只要老師有反應就好。」

只不過，老師還是不稱讚自己好、自己棒、自己厲害得不得了。想到這裡，就讓阿鋒心裡一肚子氣。

當孩子的故意行為，全面啟動

有些孩子的情感需求強烈，會主動尋求大人的關注，但有時大人無暇回應，或注意力放在其他孩子身上。當孩子一次又一次發現大人沒什麼善意回應，情感需求一再被冷落，這時便索性啟動「故意行為」，來引起大人對他的注意。

例如孩子等待著，伺機而動，見大人一出現，立即將杯子裡的水弄得滿身、滿地，好讓我們注意他。等待本身就是一種自我控制。

將水弄得滿地都是，一開始或許孩子很單純地只是希望獲得你對他的注意，你卻採取忽略的方式，不予回應，以削弱孩子的不適當行為。一次、一次又一次，孩子發現你始終不為所動。

孩子想要與我們互動的需求非常強烈，無奈的是，大人就是不肯將這份關注釋放出來。

孩子受挫折了，感到失落，在這種情況下，有些孩子乾脆一不做二不休：「既然你不跟我玩，那麼我就來玩你，非得讓你有反應不可。」

這個「玩」字，反映的是孩子的支配與掌控行為。孩子開始對你發動攻勢，不配合你、跟你唱反調、違抗你的命令、在你的面前發脾氣，對立反抗的風暴逐漸形成。孩子漸漸發現，大人開始招架不住。

當情勢翻轉，孩子全面掌控

情勢開始翻轉，孩子的勝率瞬時提高。他發現自己隨時可以掌控大人的情緒與反應。

漸漸地，孩子原本想要和我們玩的動機，已經質變成想要支配大人的操弄模式。對立反抗反映著彼此的關係出現了衝突、裂痕。然而，大人總覺得這是孩子的問題，要改變的是孩子。

既然談到關係，反映的至少是兩個人的事，雙方都得承擔不同程度的責任，彼此都得需要改變。

面對孩子出現了對立反抗，如果只是一味地要求孩子修正他的行為，孩子卻感受

不到大人想要調整關係的動機。那麼很抱歉，孩子是很難改變的，只剩下無言的結局。

我們主動地發出關注訊號

面對孩子想要獲得關注的情感需求，大人就別再吝嗇。適時地主動釋放出我們的關注與愛。我相信無論是親子之間或師生之間，真的可以彼此好好地玩在一起。

當我們抱怨孩子總在自己忙的時候，故意把水倒在地上，在教室裡故意發出聲音干擾；當我們抱怨這份「故意」，反映出孩子的行為是可以控制的。

既然是故意，多少在告訴我們孩子這麼做，有他的目的，大部分在於尋求大人的關注。讓我們停下來思考，自己是否對孩子少了關注，或重新調整對待的方式。

若在孩子還沒出現這些不適當行為之前，我們便採取主動的關注，我相信可以降低孩子出現故意行為的頻率。

「忽略」，反而讓效果減半

有時大人選擇採取忽略的方式，這個做法不能說不對，只是採取忽略，我們要有心理準備：部分孩子可能因為我們沒有強化他的故意行為，不適當行為被削弱，而會暫時停下來；部分孩子由於沒有獲得我們的關注與回應，這時更變本加厲地加碼，來引起我們對他的注意。

若我們繼續採取忽略，情況依然會出現部分孩子乾脆就算了，他已經子彈不夠了，無法再加碼攤平，這時他選擇放棄了。但是對其他孩子來講，「這還得了，我已經把身家都投進去，大人竟然對我還是不回應?!」這時孩子很容易歇斯底里，引爆情緒。

故意行為代表孩子終究想要讓大人受他影響。有的孩子是想掌控我們的反應，讓大人受不了而妥協，大人不再要求他做當下應該要做的事情。

「ADHD」與「對立反抗」的鑑別

＊ADHD孩子的核心問題：主要反映在自我控制上。孩子的專注力、活動量及衝

動，往往造成他們在生活、學習、人際、工作、感情上的困擾。

＊對立反抗孩子的核心問題：主要反映在生氣、易怒，容易與大人爭辯，掌控大人，刻意激怒大人的情緒，容易將問題歸咎給別人，出現報復的心態與行為。

你會發現這兩群孩子有些交集。當然有孩子存在著共病，例如ＡＤＨＤ同時伴隨對立反抗。

ＡＤＨＤ對於大人的指令，大多數是配合、聽話。你要求他，他往往可以動手做。問題在於他的注意力、活動量及衝動控制的問題，總是讓他沒辦法持續好表現，以符合我們的期待。

這種情形就像當我們在教室裡要求ＡＤＨＤ孩子坐好時，他們會馬上將身體擺正；我們要求他安靜時，他們會馬上閉起嘴巴。但事與願違，沒多久，他們又在位子上動來動去，同時在不該說話的時候又說話了。

當老師進行要求，對立反抗孩子不見得埋單配合。你叫我坐好，我就偏偏動給你看。你叫我安靜，我就刻意放大音量。孩子的目的就是為了掌控你的情緒，為反對而反對。

ＡＤＨＤ的行為總是讓老師感到生氣，但他並不想要支配你，掌控你。然而，對立反抗孩子就是要影響你，支配你，掌控你，當然一樣會惹你生氣。

ＡＤＨＤ的自我覺察能力通常弱了些，不太懂得察言觀色。然而，對立反抗孩子倒是很會看臉色，態度雖然讓大人咬牙切齒，但懂得保護自己，免於受罰。總是挖個坑讓大人跳下去，這時他就可以理直氣壯地將問題歸咎於你，千錯萬錯都是你的錯。

ＡＤＨＤ的專注力有問題，這一點在對立反抗孩子卻不是問題。

為何ＡＤＨＤ很容易伴隨對立反抗態度？仔細想想，當一個孩子長期被大人批評、指責、謾罵、糾正、數落，當我們總是將負面的語言灌在這些孩子身上，當他們無法感受到受尊重，這時大人也別想被尊重。「你怎麼對待我，我就怎麼對待你」，很公平的。

第四章

自閉兒、亞斯兒的固著疏導、溝通演練

當孩子被診斷為自閉症

無期徒刑的宣判?!

聯合評估報告書中的「自閉症」三個字，這些年來，讓爸媽內心感到沉重，時時感到被壓得喘不過氣來。這三個字，宛如是一種無期徒刑的宣判，告訴著自己，孩子這一輩子就是如此了。

就是如此了?夫妻倆心有所不甘，再怎麼說，孩子亮亮才兩歲半。往後的日子還那麼漫長，自己怎麼可以現在就兩手一攤，氣餒地接受這樣的宣判。

還是有機會的，一定還是有機會的。還是有機會，讓孩子可以不只如此。

「尋求第二個意見」成了爸媽在茫茫的暗黑大海上，所祈求那一絲絲的微弱塔光。

還是有機會的，得保持這樣的念頭，才能讓夫妻倆繼續撐下去。

夫妻倆想盡辦法尋求第二意見、第三意見……只要有不同的意見出現，這就是一個希望。

按照最近一次的聯合評估報告書，下次回診時間落在一年後。夫妻倆心想，要讓原來的醫師否決自己先前的診斷，那真的是難上加難。終究醫師不會自打嘴巴，推翻先前的診斷吧？

只是這麼說對醫師不盡公平，或許孩子在接受療育這段期間有明顯的改變，醫師的診斷也可能會做修正。

只不過在夫妻倆的概念中，自閉症，終其一生都是自閉症，是不可能突然間變為正常的。除非在進行聯合評估時，孩子的年紀小，有些發展的跡象沒有被適當地研判出來。

還是有機會的。這是夫妻倆的一絲絲希望，或許診斷會有所調整，改為疑似自閉症、語言障礙或語言發展遲緩……再怎麼說，都比自閉症的刑期輕了一些。

避免以偏概全

孩子眼睛不看人，並不等同於他就是自閉症或亞斯伯格症。例如孩子的眼神注視頻率不高，但你發現他依然會和我們互動、對話、玩在一起，對答時有說有笑，有回應。在遊戲轉換的內容上相對順利，想像遊戲豐富，組織能力完整。雖然眼神沒有注視你，但孩子依然專注在與你的互動上。

在引導孩子將眼神注視著我們時，不要只是口頭要求孩子「眼睛要看著我」，這麼做有時會讓孩子反感、反彈（你越說，我就越不想做）。特別是當孩子對於眼神注視這件事情感到不自在或困難時，越是強迫要求，孩子越會抗拒做這件事。

試著以遊戲活動為媒介，例如：「亮亮，你幫我看一看小熊的眼睛怎麼了？」「等一下，我仔細地看一下，他的眼睛有髒東西。」進行扮演遊戲，自導自演，你可以把小玩偶熊放在你的臉旁，讓孩子在注視小熊時，不自覺地看著你。

當孩子看著你時，可以報以微笑。

也可以試著問孩子：「你看我的眼鏡有沒有歪掉？」「這樣呢？需要再調過來一點點嗎？」試著讓孩子自然地與我們進行眼神注視。

透過反覆的練習，讓孩子逐漸養成眼神注視的習慣。

同時，調整與孩子的說話方式。避免遠距離和孩子說話、隔空說話或背對著孩子說話。

為了讓孩子的配合度可以提升，可以透過遊戲做為關係的潤滑劑，以好玩、想像、裝扮為元素，孩子對於大人的命令與要求，相對地就容易配合。

自閉症、亞斯伯格症伴隨社交技巧困難。但單純地眼神不看別人、無法注視他人的指標，並不等同於孩子就是有ＡＳＤ的傾向。

有些孩子依然能察言觀色，可仔細地關注周遭人、事、物的細節，可思考不同的人，針對不同反應可能產生不同的回應。當孩子在行為舉止、談話、活動、興趣、嗜好上並沒有明顯的固執反應時，不做ＡＳＤ解釋。

出現「自我刺激」的訊號，是一種提醒

對於自閉症孩子來說，面對陌生情境，或當下他不知所措，或是對眼前老師交代的課程內容無法理解、環境太過於嘈雜，或者先前刺激太多、轉換太多時，很容易造成他的情緒處在焦慮、不安、浮躁的狀態，而產生自我刺激行為，例如不停地轉圈圈、尖叫、晃動、搖擺身體、擺動雙手、不停地看著旋轉的物品，或拍打耳朵的頻率相對地高。

面對自閉兒的自我刺激，使用制止的方式非常不恰當。這麼做只會在你的大聲音量及嚴厲的狀況下，讓孩子的情緒變得更加激動，行為更加混亂。

特別是當我們採取以動作制止，例如抓他、抱他，這時只會讓自閉兒因為被碰觸，反應更加激烈，甚至於出現打人、咬人、撞人等看似攻擊行為。

對於攻擊行為，我的解讀傾向為孩子的一種情緒表達方式，是在自閉兒有限的口語中，不得不出現的行為模式。雖不適當，卻也顯得無奈。

自我刺激行為對於班級老師的教學是非常干擾、頭痛的一件事情，讓老師在現場一籌莫展，不知道該如何是好。

當下快速研判原因非常重要，找出當下的關鍵原因，釐清造成孩子自我刺激的可能存在因素，而這些需要經驗值的累積及對孩子的實際瞭解。

當孩子一走進幼兒園，自我刺激行為就明顯出現時，我們可以口頭上先詢問家長剛剛在來的路上，孩子的行為表現模式。

如果一開始在路上，孩子的行為就明顯出現自我刺激，這時我們需要考慮孩子轉換情境的因素，例如從家中至幼兒園。

為了緩和孩子的自我刺激行為，建議進入幼兒園後，可以先讓孩子做他會做的事情。讓他有事做、轉移注意力，以降低自我刺激行為的頻率。

每個孩子的自我刺激因素不同，例如有些孩子因為早餐沒有吃完，或是沒有吃到自己想吃的三明治、奶茶或蛋餅，情緒就明顯地激動起來。

我們可以先詢問家長剛剛孩子情緒的轉變，如果不知道原因，可以從孩子情緒穩定時，往前推三秒鐘，以研判孩子剛剛可能觸及了哪些刺激。

找出自閉兒自我刺激的可能因素。平時我們可以記錄、觀察，對於哪些活動、哪些課程、哪些內容，孩子的情緒相對比較平穩，大原則以孩子所熟悉的及會做的事情、容易吸引孩子關注的事情為主。

例如有些自閉兒對於數字很敏感，當你發現他開始不時拍打耳朵，擺動身體，發出尖叫聲，這時候你可以和他一起從1數到30，或是問他九九乘法表，例如問問孩子「7×3」、「5×9」、「8×6」、「7×7」、「9×4」，透過詢問的方式以轉移他的注意力。

當孩子情緒過於激動，可以把容易吸引他注意力的旋轉物品，例如電風扇拿出來，讓孩子的注意力放在扇葉的轉動上，先緩和他的情緒，再逐漸將他的注意力轉移到當下課程的內容及要求。

孩子莫名的情感表達

有些自閉症孩子在情感表達上明顯出現怪異的反應：當其他孩子在微笑、開心笑時，孩子可能面無表情；當其他孩子看影片，表現出驚嚇、害怕，自閉兒卻發出哈

哈大笑。這些反應讓周圍的小朋友感受到眼前自閉兒的怪，進而容易產生距離。

面對孩子情感表現異常，我們可以如何來協助孩子？

自閉兒在接觸社會情緒線索的刺激上，注意力的點跟一般孩子往往截然不同，一般孩子不會注意的內容，卻可能被這些孩子注意到。有時候我們會因為不瞭解他們到底在注意什麼而生氣，不明白他們為何而笑、為何生氣、為何而哭？

有些自閉兒在團體裡面開心大笑，是因為看著別的孩子在笑，自己也跟著笑，但並不確定自己真正在笑什麼。他們也在猜測，也在摸索。跟著笑就對了。有些自閉兒會去注意團體裡面特定的孩子，學著對方的一舉一動，跟著模仿。

雖然每個人對於情境的解讀不盡相同，然而，如果發現孩子與絕大多數人的觀點不同，顯得太過於突兀和怪異，這時我們就得提醒自己，孩子是否在情緒表達上出現異樣。

面對孩子尖叫，大人該如何是好？

冷靜地回推原因，加上安撫與轉移

「啊——啊——啊——啊——啊——」，小良的雙手用力拍打著耳朵，急跳著腳，激動的模樣讓媽媽感到錯愕。「啊——啊——啊——啊——啊——」

「好，我不擦、不擦，不痛、不痛，不擦、不擦。」媽媽感到非常納悶，為何只是幫孩子用毛巾擦個臉，小良卻痛苦得尖叫。這讓自己深感罪惡，似乎做了什麼錯事。更令她不解的是，小良平日總是不時撞到桌角或跌倒，弄得全身瘀青，卻不見他有任何反應，一副若無其事的模樣。媽媽想不透為何反差這麼大？

小良現在兩歲半了，如果不喜歡媽媽幫他擦臉，他可以開口說啊，至少說出「我不

要」。但為何到目前，小良還是沒有明顯的口語表達出現，只是不時用尖叫聲來反應？

小良不說，做媽媽的也很難瞭解孩子的情緒究竟是怎麼一回事。有時小良莫名地笑著，但媽媽摸不著頭緒他到底是在笑什麼，只好陪著孩子一起笑。

對於孩子的發展，媽媽內心裡著實擔心著，不只是慢，而且存在著許多的怪。

當抱著小良，感受就像回到家，一件大外套披掛在椅背上，沉甸甸的，完全沒有情感的交流。

從小良的眼神，媽媽可以感受到孩子是聰明的，但卻又說不出到底是看到孩子哪些表現，讓自己有如此的認定。

小良玩遊戲，依然停留在敲敲打打，不時把玩具箱的東西整個倒出來，發出鏗鏗鏘鏘、乒乒乓乓的聲音，孩子整個人就會亢奮起來。媽媽心裡想著，只要小良高興、開心，他想怎麼玩就怎麼玩。

媽媽停止幫小良擦臉，孩子不時地擺動身體，轉圈圈，一圈、一圈又一圈，完全沒有停下來的跡象。

不對勁，媽媽深感孩子不對勁，這和她以往遇過其他孩子的情況完全不一樣。

雖然每個孩子的發展都有自己特殊的地方，但是對媽媽來說，小良終究太特殊了，特殊到讓她感到害怕，生怕錯過介入的時間，導致孩子的發展越來越落後。

面對眼神長期以來一直迴避的小良，隨著時間一天一天過去，媽媽發現自己越來越不瞭解眼前的孩子……究竟該怎麼辦？究竟該如何是好？

早期療育別錯過：**意中心理師來解惑**

尖叫的隱藏涵義

「啊——啊——啊——」尖銳的叫聲刺痛耳膜，總令人感到不適與不悅。

面對眼前孩子的尖叫聲，大人的理智線往往也在剎那間斷了線，浮躁、不耐、激動的情緒也被引爆起來。

頓時，你比孩子更加憤怒、火爆，音量瓦數破表。大人總是想要壓制孩子的尖叫聲。但事與願違，孩子的尖叫聲不減，反而更加刺耳，更加穿破雲霄。

面對孩子的尖叫，我們往往感到莫名其妙，不知道該如何是好。

特別是面對年幼的孩子，說話不是他擅長的事，而語言發展遲緩、語言障礙或自閉症孩子更難以言語進行表達。

孩子尖叫，到底是想告訴我們什麼事？往這個角度想，會讓我們多一些想要瞭解孩子的機會與意願。

往前推三秒，找出原因

往前推三秒想一想，剛剛是否發生了什麼事。

如果我們知道原因，就優先處理原因。例如當自閉症孩子的固著性被打破，原本他放在桌角的瓶子被你移動，改擺放在安全的位置。這時眼見擺放位置不同，頓時令自閉兒尖叫起來。當你隨即將瓶子放回原處，會發現他的尖叫聲停止了。

孩子是否莫名其妙地尖叫？倒也不盡然，有時反映的是我們對於孩子的身心特質不甚瞭解。或從客觀來說，明明沒有任何對孩子的刺激，但他卻激動地尖叫，這時往往反映了孩子在主觀的想法認定上存在著誤解，讓他錯誤地解讀，偏頗地解釋。

有些孩子對於周遭的感官刺激過度敏感，如果再加上言語表達受限，反應更激烈，這一點在自閉兒身上更是明顯。

冷靜的必要修煉

當孩子尖叫，大人當下「冷靜」是必要的做法。

我知道，你可能會說大人也是有情緒的，怎麼可能冷靜？

這一點的確是，我們平時就得修煉。別忘了大人無法冷靜，別期待孩子冷靜下來。**減少不必要、多餘的言語刺激，話多、說理或滔滔不絕，這時絕對不是好作為。**就擔心你的刺激如提油救火，讓尖叫聲不斷。

冷靜之後呢？從孩子的行為線索想想他尖叫的意涵。

如果依然找不到答案，**「安撫」與「轉移」**隨即派出場。

對於學齡前孩子善用玩偶，透過想像遊戲的介入，很快會收到安撫與轉移的效用。

例如拿出布偶、娃娃，調整一下你的說話方式與音量：「小良，好難過哦，是不是找不到玩具？好難過？」「小良，你怎麼了？看起來好生氣呀。我可以怎麼幫你？」你的臺詞可以隨當下的情境做調整與改變。

如果你的大大擁抱可以讓孩子平靜下來，那麼就展臂環抱孩子吧。

「安全」的優先處理

當孩子情緒激動地尖叫打頭，爸媽到底該怎麼辦？

孩子若出現一些自我傷害行為，例如打頭、撞頭、咬自己、抓傷口，這時優先的處理以「安全」為主。第一時間採取制止的方式，該抱就抱住，該抓住就抓住。

抱孩子的方式建議放低姿勢，用手圈住或環抱，將孩子抱在懷裡。壓低姿勢的目的在於安全，避免跌倒。

過程中，盡量減少太多的刺激，當我們講太多話，很容易讓孩子情緒更加激動。這時孩子容易做出自我傷害的行為，爸媽也比較容易耗盡力氣。自閉兒在掙扎的過程中非常拗，容易失控，力氣也比較大。

打破孩子對於特定玩具的固著玩法

增加彈性，移除固著，擴展玩法

「老師！阿易把所有的車子拿走了，都不讓我們玩。每次都這樣。車子是老師的，又不是他的。」

小朋友們向老師告狀，而阿易若無其事地繼續排列著車子，快車道、慢車道、紅綠燈、測速照相。

「老師，我也想玩，這樣不公平。」大中說著，伸手欲拿取阿易桌上的車子，阿易一把將大中推開，大中痛得大叫一聲：「哎唷！你幹麼推我？」

大中作勢要搶車子，被雪兒老師擋了下來。

「你們兩個不要吵架。阿易，你也要讓別人有機會玩車子，不能每次都霸占。如果還是這樣的話，那老師要把所有的車子都收起來哦。這樣你也沒有機會玩了。」

阿易看似不理會老師，但手握車子的力道越來越緊，可以感受到阿易心裡面的一股怒氣正在逐漸累積當中。

還好，雪兒老師有嗅到這股不對勁，便說：「大中，你先去玩別的，教室裡有這麼多玩具。」

「可是老師，我也想要玩車子。」大中忿忿不平地說。

雪兒老師很納悶：「阿易這孩子怎麼整天都在玩車子？哪有人的興趣這麼偏食？」她還注意到平時在紙上，阿易畫出來的全部都是高速公路的交流道，上面還寫著國道一接國道三、國道三接國道五、國道一接國道二、國道二接國道三等。

「這小子的觀察力還真敏銳，畫出來的模樣真是栩栩如生。可是在幼兒園的年紀，興趣應該要廣泛一點，這樣對於孩子的學習認知、基礎的打底應該會比較好。年紀這麼小，興趣就這麼狹隘……這麼小的孩子熱衷於某一件事情，究竟是好是壞？」

「彈性」，無所不在

我們希望孩子的思考變得有彈性，跳脫二分的固執想法，爸媽可以從生活中舉例，讓孩子瞭解無論菜單、不同的便利商店或是架上的物品，原來許多事情都是一種「選擇」。

有些孩子缺乏變通能力，例如智能障礙、發展遲緩而受限於認知發展落後，在有限的知識上，孩子能夠選擇的彈性範圍相對地侷限，認知匱乏，很容易出現黑白二分。

在幼兒園，有些小朋友的玩法比較單調，例如堆疊積木只會疊高，玩車子只會排列成一直線。有些原因來自於孩子認知的不足，缺乏變化，對於空間的建構由於接觸有限或空間概念能力匱乏，在他的腦海裡面沒有辦法創造出各種不同的排列組合。他的表達方式相對有限、匱乏與單調。

對於只會疊高的孩子，可以在他旁邊蓋幾棟不同造型的房子，例如不同高度的三

角形大樓，示範給孩子看，增加孩子對於建構內容的豐富性。

留意孩子在他的生活經驗中，能夠說出多少自己熟悉的建築物名稱，例如Taipei 101、宜蘭長頸鹿的火車站、高雄85大樓、臺北小巨蛋等。

當孩子的生活經驗觸及越多，越容易對於不同建築物的造型風格、各種形狀的組成，在認知上更加敏銳。

自閉症與亞斯伯格症孩子因為固著性，而表現出單調、重複、有限，缺乏調性與變化。

為了化解ＡＳＤ的固著性，做法上，以原來單調的高塔或排列一直線為基礎去增加變化。在變化的過程中，孩子一開始容易抗拒，當你把積木、方塊放到高塔旁邊，孩子很容易直接把你的積木移開，這時再以漸進的方式把積木放過來。

過程中，特別留意ＡＳＤ孩子的情緒是否過於激動。如果當下孩子的反應強烈，先暫時緩下來，不急著破壞。待一段時間後，再來進行第二次、第三次建構內容的改變。

將孩子固著的事物，漸漸移除

若孩子固著於特定的玩具，例如玩具車，在家或教室第一時間就翻箱倒櫃找玩具車，或排除其他玩具、教材，正眼瞧都不瞧，這份對於玩具車的固著侷限了他對事物的接觸。可以先將該玩具車移除，遠離孩子的視線。

但為免孩子出現激烈的情緒反應，例如激烈的哭鬧、尖叫反應，避免在孩子眼前直接拿走這些玩具，這麼做很容易惹火孩子，歇斯底里的情緒一觸即發。建議趁他不注意時，將玩具車藏起來。

重點是移除之後，該給孩子什麼樣的玩具？孩子在找不到玩具車的當下，很容易出現強烈的情緒反應。動腦想想，孩子沒有車子玩，可以玩什麼？退而求其次，改讓孩子玩其他玩具來替代。

擴展玩法，無限延伸

若不考慮移除，那麼就換個方式，留下他喜歡的玩具車，並想辦法將其他的玩具加過來，以他喜歡的玩具車為中心，擴展玩法。

例如堆疊積木化身為車站，加上其他的玩具車排排站，想像道路塞車，加入玩偶扮演上班、上學的橋段，當作路上的行人。可以製成圓環，讓車子順著圓環行駛。加上紅綠燈，讓有些車子前進，有些暫停，演下去就對了。

打破排列的方式，增加遊戲的行為模式。初期在進行改變的時候，孩子的情緒通常會明顯激動，甚至於會產生抗拒。可以用裝扮、想像、假裝的方法，把各種與車子有關的生活經驗加進來。擴大想像遊戲的力道，讓孩子不再只是玩固定的車、固定的玩法。

面對孩子使用自己的玩法樂在其中，感到興奮、刺激，我們是否該接受孩子的固著玩法，關鍵在於**孩子的這種玩法是否會限制自己的發展。**例如導致認知停滯，同時行為的怪異導致其他小朋友對他產生抗拒，不敢接近。

當孩子有固著、特定的玩法，例如轉動輪子、旋轉盤子，為了破解孩子的固著性，例如孩子一碰到盤子就想要旋轉，這時可迅速將盤子拿起來，放在孩子或自己的頭上，假裝成帽子。

或將盤子拾起，扮成扇子搧風；將玩具食物迅速地擺放在盤子上，想像在吃點心或廚師上菜。

或是直接與孩子來一場轉盤子對決，既然要轉盤，那麼就兩人一起來比賽。既然比賽，就得彼此輪流。你可以刻意放慢速度，拖延時間，延宕孩子想要旋轉盤子的欲望。

各自想好隊名，並且為對方加油，將原本機械式的轉盤調整為想像遊戲，或是競賽遊戲。**打破孩子的固著玩法，漸進式地慢慢來，讓孩子多一些彈性與變化。**

孩子還不會說話，怎麼辦？

兒歌、遊戲與情境三工具，引導開口動機

家裡總是靜悄悄。看著眼前的孩子玩遊戲，媽媽心裡很是著急。為什麼悅悅到這個年紀，依然不會開口說話？

「悅悅，你幫媽媽抽一張衛生紙。」確定孩子的聽力沒有問題，簡單的指令，悅悅可以理解並照著做。但為什麼要他開口說話時，他總是立即掉頭就走？

孩子沒有開口的意願，讓媽媽一直使不上力。

「難道就這樣靜靜地，等待杜鵑鳥啼嗎？」

媽媽也不敢如此奢望，因為連咿咿呀呀的外星語，自己都很少聽見。

雖然親戚都說悅悅這個孩子很乖、很安靜，但這一點，媽媽可不敢贊同。做媽媽的巴不得孩子開口劈里啪啦，亂說一堆，吵著要東西都好。

怎麼辦？嘴巴在孩子身上，他不說，總不能強迫。該如何是好？

重點是，媽媽很少聽到悅悅開口說，就怕孩子沒有能力說。

悅悅依然靜靜地玩著，偶爾過來拉媽媽的衣角，指著櫃子上的餅乾盒。媽媽秒懂他的意思，只能順他的意，伸手拿下餅乾，拆了包裝袋，孩子的微笑立即揚起來，媽媽卻一點都開心不起來。

孩子說話的那一天，何時才會來？

當發現孩子大多數時間未開口，沒有明顯的聲音或可辨識的詞彙出現，雖然出現聲音，但卻是無法辨識的亂語，如同一般人所謂的外星語，該如何是好？

兒歌——重複播放的威力

面對孩子明顯缺乏自發性的口語，可以在家中先透過反覆播放兒歌、故事，以及與孩子多多對話，誘發孩子開口說話的動機。

以琅琅上口的兒歌為原則。例如孩子耳熟能詳的〈小星星〉、〈兩隻老虎〉、〈妹妹背著洋娃娃〉、〈小蜜蜂〉、〈造飛機〉等兒歌。

藉由反覆播放，與孩子一起玩，車上、用餐等任何時間都可以。仔細觀察孩子是否跟著哼唱旋律，當下咬字不清楚都沒關係。可以讓孩子先哼唱旋律，至少能夠先模仿出聲音，咿咿呀呀都沒關係。

待孩子哼唱的旋律足以被辨識，就可以帶著孩子一一模仿歌詞的詞彙。以〈兩隻老虎〉為例，向孩子說明一隻、兩隻、三隻、四隻，老虎、獅子、兔子、老鼠，跑

得快、跑得慢、走得快、走得慢、跳得高、跳得低、飛得遠、飛得近，有、沒有，眼睛、耳朵、鼻子、嘴巴，真奇怪、好奇怪、特別奇怪等，任何你可以聯想到的詞彙都可以說出來。

在播放兒歌時，除了被動、長時間、反覆地播放，為了能夠引起孩子對於兒歌的注意，爸媽平時可以多琅琅上口，表情動作像兒童舞臺劇演員，以誇張的表情、動作、手勢、聲音、音量吸引孩子的注意，或讓孩子開懷大笑。如果孩子能夠和你一起唱、手舞足蹈就更好了。

唱歌給孩子聽，以孩子耳熟能詳的兒歌回饋給孩子聽，仔細觀察孩子對於我們的哼唱是否感到興趣，眼神是否有注意，是否展露出微笑。

播放兒歌的目的，在於讓孩子透過可反覆、相同、類似的聲音情境，以逐漸熟悉，並期待進一步主動模仿，將詞彙說出來。

提醒自己，**這麼做只是方法之一，並不能取代我們和孩子說話的重要性。**

製造開口說話的需求

為了讓孩子能夠主動地開口說話，思考孩子在哪些情境中，主動開口的意願比較高。這需要爸媽平時的細膩留意與觀察。

這些情境大都與孩子的需求有關，例如吃喝拉撒睡、玩遊戲。吸引孩子目光的情境，例如公園、便利商店、速食店。

製造孩子的需求，孩子開口說話的機率就比較高。

當孩子總是用手勢、表情、動作等非語言的方式來表達他的需求，而我們依此滿足他的需求，這時很容易減少他開口說話的意願。

多製造孩子開口說話的動機。例如我們可以把孩子喜歡的東西放在明顯看得見，卻又拿不到的位置，讓他想拿卻拿不到，需要尋求大人協助。

一開始孩子可能會用手比，或過來拉拉你的衣服，也可能會有哭鬧的情況。在這種情形下，我們避免馬上在孩子不開口的情況下，為他做事。

我們可以引導他試著發出：「拿，拿，我要拿，媽媽拿，媽媽幫我拿。」至於詞彙的量，隨著孩子現階段能夠開口或曾經開口等能力來做為調整。

遊戲登場，誘發口語出場

多進行想像遊戲，目的在於與孩子營造出他所熟悉的情境。讓日常生活中的情景很自然地出現在扮演情境中。

試著多跟孩子開口說話，講出孩子所熟悉物品的詞彙。這有助於他在類似的情境下，主動開口說出。

例如一個娃娃、一張面紙。將面紙當成棉被蓋在娃娃的身上，告訴娃娃：「睡覺嘍，寶貝，睡覺嘍。」示範給孩子看，讓孩子模仿練習。或發出「噓」的聲音，告訴孩子：「小聲一點，娃娃在睡覺。」

引導孩子進行口腔動作遊戲，讓孩子的臉頰、嘴唇、舌頭活動起來。

將舌頭伸出來，像蛇一樣發出「滋滋滋滋」吐出蛇信的聲音。或者鼓動雙唇發出「嘟嘟嘟嘟」的聲音。試著將臉頰鼓脹，再用雙手輕輕地發出「啵啵啵」的聲音。

對於構音異常（說話咬字不清或發音異常，例如一般形容「臭齡呆」、「大舌頭」）的孩子，有些孩子的口腔動作不敏感，這時為了誘發孩子多做一些口腔動作的遊戲，可以腦力激盪一些玩法。例如將巧克力醬、番茄醬或草莓醬塗抹在湯匙上、盤子上，接著由我們先示範，如同貓咪般將舌頭伸出，四處舔湯匙或盤子。

我們也可以試著將氣吹在孩子的臉頰上、手上、紙條上，讓孩子練習吹的動作，或玩起自製吹泡泡遊戲。

以遊戲為媒介，透過玩的方式，讓孩子自然而然地發出聲音。**千萬不要使用強迫的方式逼孩子一定得要開口說，或者要脅「你不說，我就要如何如何……」**。

若孩子對於說話行為感覺到壓力，便很容易壓抑，出現不開口的行為模式。

當孩子好不容易發出聲音，或許當下的聲音、詞彙我們聽不清楚，沒關係，先微笑回應，不要立即糾正。

再仔細注意：孩子的發音究竟是哪個環節出了問題？確認後，再針對這個部分進行相關遊戲的練習。

建議尋求**語言治療師**的協助，以進一步釐清孩子的口腔動作、構音或發聲的問題。

當亞斯兒說：「是你叫我打的。」

亞斯兒只會字面解讀，聽不懂弦外之音

「我要打你哦！」少威作勢要向老師揮拳。

「你有本事，給我打打看！」老師話一說，少威二話不說就直接揮拳過去，老師痛得大叫一聲「唉！」，撫著下腹部說：「你在幹麼？怎麼可以打老師？」

「是你叫我打的！」少威理直氣壯地說著。

「你這孩子到底有沒有家教？竟然敢在幼兒園打老師，以後長大出社會怎麼辦？你爸媽到底管不管你？從小就這麼暴力，長大還得了。」

老師說了一連串，但少威不為所動。

「跟我說對不起，向我道歉，否則我不原諒你。」

「我才不要說對不起。我又沒有做錯，是你叫我打你的，是你活該。」

「你這是哪門子的歪理？做錯事還強辯。」

「我聽不懂什麼叫做歪理，也聽不懂什麼叫強辯。」

「強辯就是——」老師的話說到一半又吞了回去。少威一副沒做錯事的模樣，讓老師實在無法忍受。

「不行，這樣還得了？如果做錯事情卻不承認錯誤、不接受後果，那以後在教室裡，膽子豈不是大得無法無天。到時誰是下一個受害者？又是誰會遭殃？」在教室裡，只要不順少威的意，他就容易生氣。

「但在幼兒園裡打人，哪能他說了算，什麼事情都順著他？那教室裡根本不需要老師了。孩子是需要被規範、被管理的。」老師心想著。

「你到底要不要道歉？」

「我才不要道歉！」

「我再提醒你一次，現在鄭重跟我道歉。」

「我聽不懂什麼叫鄭重。」

「我不管你聽得懂聽不懂，你現在要跟我道歉。」

「我才不要道歉！」

「現在馬上道歉！」

「我不要！」

少威說完，又是一拳朝向老師的肚子揍過去。老師順勢用兩手緊握著孩子的雙臂，說時遲，那時快，少威以迅雷不及掩耳的方式，朝老師的手臂咬下去，痛得老師哇哇大叫。

這一幕又一幕，讓幼兒園的其他小朋友們傻眼，有的孩子大叫，有的孩子哭了出來，教室一片混亂。

只見文字表面，猜不透內裡

有些孩子很容易針對說話的字面意思進行解釋，而很難瞭解我們所說的話背後真正要傳達的訊息。

就如同當老師講「你有本事，你打我」，事實上是在警告孩子：「打」是不能做的事情，如果你真的打了，就得要承擔責任與後果。

而孩子聽到老師講這句話，心想「是你叫我打的」，就直接動手打了，並不認為自己這個動作到底錯在哪裡。

有些孩子無法聽出弦外之音，無法聽出話中話。

孩子的「打」，出自何處？

我們要思索的是：為什麼孩子敢講出「我要打你」這句話？在他說出這句話之前，是否曾經想過這個動作可能帶來的行為後果與代價？或者說在過去的經驗中，孩子是否真正承擔了該有的代價？

當孩子做出「打」這個舉動時，我們可以思考：孩子在過去的生活經驗中，是否也遭受大人以動手來解決問題？「打」這個舉動對孩子來說，往往是採取複製貼上——大人怎麼做，我就怎麼模仿。

道歉，不等於負向行為消失

當我們要孩子道歉時，想一想我們的目的是什麼？除了當事人的心理感受比較舒服之外，我們這麼做，孩子的行為是否會有改變？並且思考為什麼要孩子道歉，接下來他就不會動手打。

下回孩子如果又說出「我要打你哦」這句話，我們大人應該有什麼樣的反應？

或許你可以板起臉孔，冷靜地看著他——但是請記得，我們得有所防備，當孩子真的出拳的時候，我們要有能力閃躲。

我們不說話，冷靜地看著他。

第五章

過動兒的自我覺察、自我控制

請珍惜ADHD孩子的可塑性！

凡刻意練習，必留下好的成績

我是高雄醫學院行為科學研究所第一屆學生（1992/9-1994/6），當時，我的碩士論文為《注意力不足過動症兒童與同儕之遊戲行為研究》。

三十年前，ADHD尚未被納入《特殊教育法》，不屬於《特殊教育法》保障的身心障礙學生，得不到任何的特教資源與協助。

那些年，除了聽障、視障、腦性麻痺、智能障礙、自閉症較被關注外，ADHD明顯被忽略，遭受不友善的對待。

ADHD在教室裡總是讓老師感到頭痛、時不時抱怨，甚至於被要求轉學。

當年的論文主題會選擇以ＡＤＨＤ為關注對象，原因在於這群孩子的可塑性非常高。我相信透過心理學理論與方法，可以有效地協助這些孩子。

那些年，有一部電影讓我印象非常深刻，那是由派屈克．史威茲（Patrick Swayze）和黛咪．摩爾（Demi Moore）主演的《第六感生死戀》（Ghost，1990）。每每在進行論文的過程中，我的腦海裡就會浮現出那一幕：在〈Unchained Melody〉的優美歌聲與動人旋律下，「Oh, my love, my darling, I've hungered for your touch……」男主角從後環抱著女主角捏陶的經典畫面。

「可塑性」與ＡＤＨＤ不時地連結在一起。

我常想，當這些孩子獲得協助，就能成為一件件完美的陶藝作品。但若我們漠視這群孩子的問題，原本具有的可塑性終將帶來毀滅性的破壞，讓ＡＤＨＤ孩子變成一塊又一塊的碎土。

許多事情，事在人為

如果對於ＡＤＨＤ只剩下過多的抱怨、批評、指責、謾罵、提醒、糾正，孩子的自信心、自尊心將墜入深深的谷底，跌得太深，不見反彈。讓孩子充滿負面思考，自我評價越來越低，自我接納的程度越來越差，看待自我形象越來越負面。這一切非孩子所願。

ＡＤＨＤ多希望像一般小朋友能夠被友善地接納，符合教室裡大人的期待，好好地坐在位子上，專心聆聽老師上課，做好自我控制，維持良好的社交與同儕關係。

ＡＤＨＤ的問題絕對不是父母管教不當所造成。然而，父母的管教不當、老師的班級經營不友善，卻會對這些孩子的特質、症狀造成更加惡化的影響。

我們怎麼看待孩子，孩子就怎麼看待自己。你相信孩子擁有可塑性，孩子就有機會看見他無窮的未來。

多輸出，多執行

與ＡＤＨＤ相處，要避免都是大人在說、大人在做。請多讓孩子說出口，多讓孩子做。

面對太多的輸入，有時孩子受限於注意力缺陷，接收困難或不完整，或當耳邊風，不把大人講的話當作一回事。久而久之，大人的要求很容易變成無效的指令。ＡＤＨＤ並非無法理解，而是在於行動的執行上，沒有辦法徹底。

除了輸入之外，孩子所需要的關鍵在於「輸出」：**多讓孩子說，多讓孩子做，反覆地刻意練習，直到自動化，不用他人提醒就能夠自己做到為止。**

讓孩子在說出口的過程中，自我覺察說話的內容字眼、語氣、用詞、音調及音量需要如何修正，說話的時間點適不適合。

當說話不得體時，一次說得不行，就再練習一次，再覺察、再修正。若還是不行，就再練習說，再覺察、再修正……一次一次地微調、修正，直到說得適切為止。

孩子似撞山車，凡走過，別人必留下痕跡？

ＡＤＨＤ真的不是故意的！有時孩子也覺得莫名其妙，自己只是彎下腰撿個東西，一回神，別人桌面上的東西就掉滿地。只是把椅子挪一挪，就撞到後面同學的桌子。只是從座位站起來，起身往前走，說也奇怪，凡走過，別人必留下痕跡。只是……太多的只是。但ＡＤＨＤ真的不是故意的。他們不是聽不懂，他們往往知道，但做不到。

ＡＤＨＤ要練習行為的自我覺察。透過不斷地反覆，一次、一次又一次地刻意練習。

試著讓ＡＤＨＤ拿起手機，拍下自己的桌面、桌腳、抽屜、物品、椅子、椅背等處，以及與四周同學之間的相關位置。透過照相的方式，以各種不同的角度細微拍出，照得越仔細越好。每一次的拍攝都是讓孩子練習去注意自己眼前的事物，以增加敏感及觀察力。

讓孩子練習從一數到十，逐漸伸展自己的身體、姿勢、動作。並倒數從十到一，逐漸縮回自己的身體、姿勢、動作。讓孩子可以敏感地微調自己的身體、姿勢、動

作，並從過程中，好好覺察當中的變化。

接下來，讓孩子試著從座位站起來，離開座位，往前走出來——在這項行動的過程中，讓孩子再次覺察自己的動作與周遭事物之間的關係。

練習彎下腰，撿拾掉在地上的橡皮擦、鉛筆，同時也得開始注意、覺察自己與前後左右小朋友座位之間的距離。

有了覺察，有了行動，接下來就得反覆地一次、一次又一次，透過刻意練習來增加自己腦中的記憶與身體的記憶。

練習控制自己在動態、移動的過程中，如何做好自己與周遭的人、事、物之間，保持良好的間距。

ＡＤＨＤ的可塑性非常高。事不宜遲，從現在開始加緊腳步，在自我覺察、自我控制上，刻意練習。凡練習，必留下好的成績。

孩子不專心，怎麼辦？

關注「此時此刻」的正念練習

「阿偉，你拼圖不玩就收一收，老是丟得滿地都是，每次看你玩都三分鐘熱度。是家裡玩具買太多了是不是？多到讓你不知道要玩什麼。我在跟你講話，你到底有沒有在聽？頭轉過來。」

「要幹麼啦？」阿偉放下手上的迴力車，又跑去翻箱倒櫃，翻弄玩具的聲音讓媽媽感到刺耳且不耐。

「你就不能好好坐下來，好好玩一個遊戲嗎？你是在沾醬油是不是？這個玩一下，那個玩一下，玩一玩又不收回原來的地方。每次都問我：『媽媽，為什麼拼圖

少那麼多塊？』『我的迴力車在哪裡？』『彈珠軌道的珠子呢？』你以為我有那麼多美國時間跟你耗啊？家事都不用做了。」

媽媽邊摺衣服，嘴巴邊嘮叨著。遊戲間灑落一地的玩具，看著看著就讓自己心煩。每回跟阿偉講話，就像銅板丟到許願池一樣撲通一下。媽媽多希望孩子能夠專心聽自己說，只是自己的囉嗦，讓孩子也不知道媽媽要講的重點是什麼。

孩子不專心怎麼辦？爸媽真的莫可奈何。

早期療育別錯過：**意中心理師來解惑**

當提醒無效用

「我在跟你說話，你到底有沒有在聽？我再跟你說一遍，你給我專心一點，別人做得到，為什麼你老是做不來？」

說著說著，大人除了心力交瘁，心裡總是疑惑：「說了這麼多遍，為什麼還是沒有作用？」

我們總認為不時地耳提面命，孩子應該自然而然能夠改善注意力，做他當下該做的事。

不過這一點，對於ＡＤＨＤ很難起作用。如果用說的真的有用，那麼ＡＤＨＤ就不是什麼大不了的問題。別再天真地以為我們用說的，孩子的注意力就能像開關般馬上切換到專心模式。不是這樣的！

由於ＡＤＨＤ孩子的專注力不理想，在與孩子們對話時，大人要盡可能地聚焦，說重點。必要時，請孩子將我們剛剛說的話再說一遍。讓孩子說出（輸出），以確認他剛才是否維持著應有的專注力。

觀察孩子在從事哪些活動時，可以維持比較久的注意力持續時間（請先排除３Ｃ的使用）。例如從孩子維持較長時間的畫畫、彈琴、組裝樂高積木等活動開始，延長孩子的注意力持續性。

專注力與玩具的搭配運用

面對孩子的專注力容易分心，試著將周圍的玩具先過濾，減少玩具的量，延長孩

子在一樣玩具上的時間。如果有太多玩具的選擇，常常會讓孩子每項玩具轉換的時間太快，停留時間太短。

為了研判孩子的注意力分散度是否過於明顯，你可以仔細地觀察及記錄孩子玩每一項遊戲的時間長短，是否過於快速轉換。

學齡前幼兒的注意力如果分散，玩每一道遊戲的時間會比較短暫。引導孩子會玩這項遊戲，玩得有層次，玩得有趣，孩子在該項活動進行的時間會比較長久。

有些幼兒是因為對該項遊戲活動內容不瞭解、不熟悉，因此停留在上面的時間就會很短暫，因為不懂，所以無法持續進行。

釐清孩子容易分心的管道，是視覺、還是聽覺比較容易受影響？例如孩子的專注力容易受視覺干擾，可將不相關的玩具、教材暫時收起來，減少視覺注意力分散。

你可以記錄一下，孩子在進行哪些遊戲時，持續的時間比較長，先將這個遊戲當作基礎，再逐漸地堆疊上去。例如玩扮家家酒，在煮飯、炒菜遊戲中，將拼圖加進來，想像成披薩、烤餅，拼好後放進微波爐、烤箱。

當孩子的注意力跑掉時，使用誇張的動作、聲音、表情、玩法，讓孩子的注意力再回來。例如大野狼大聲地「嗷……」，或是說：「老闆，我的麵怎麼還沒有送上來？我等很久了，記得幫我多加一顆滷蛋。」

天馬行空，想到什麼情景都可以扮演出來。想像遊戲沒有一定非得如何不可，不一定要怎麼說、怎麼做。只要孩子覺得好玩，就讓孩子再把注意力拉回到原來的活動上。

以和孩子說話為例。當孩子眼睛沒有看我們，這時不要開口。避免遠距離叫孩子，例如從廚房叫客廳，客廳叫遊戲間。避免讓孩子以為你所要求的事情不重要，可以略過不理。此外，在長距離的情況下，孩子更難維持他的專注力。這不只遠傳，還有距離。

走向孩子，讓孩子的眼睛看著你，再開口。開口之前，自我覺察要說哪些話、哪些關鍵字。

由於ＡＤＨＤ篩選刺激的能力比較弱，和孩子講話時，必須講重點。語氣從上往下，避免孩子的情緒被我們的高亢語調牽動而起伏。說話時，盡可能有抑揚頓挫，以吸引孩子的注意。

說完話，適時停頓，眼神繼續注視他，讓孩子對我們的表情、眼神與肢體動作更加注意。

必要時，試著問孩子，你剛剛說了什麼。

正念練習——關注當下，喚回專注力

引導ＡＤＨＤ將注意力關注在「此時此刻」。從生活中，無時無刻不斷在發生的「呼吸」開始練習。

引導孩子選個地方坐下來，保持最舒服的姿勢，將眼睛閉起來或微微張開，反覆地感受自己正在呼吸。

試著將手指頭輕輕放在鼻子下方，呼氣，吸氣，感受氣息在手指頭上的變化。引導孩子將手放在肚子上，在呼氣、吸氣中，感受肚子的起伏。

ＡＤＨＤ的想法像萬馬奔騰般，不斷天馬行空地流竄。讓孩子瞭解腦海裡這些雜念的出現，很是自然。沒關係，當雜念跑出來，讓自己再將注意力拉回到呼吸上。

相信自己有能力，將注意力溫柔地、輕輕地呼喚回來，找回自己的專注力。感受當下的呼吸，讓它成為一項簡單的練習。

慢慢地，引導孩子透過身體掃描的方式，從上往下，頭頂到腳底；反過來，也可以。將手輕輕沿著頭頂，順著額頭、臉頰、下巴、脖子、肩膀、胸前、腰際、屁股、大腿，逐漸往下經過小腿到腳底。

引導孩子感受自己與身體之間的關係。就像自己久違的，看似熟悉、卻又陌生的身體變化。讓孩子逐漸找回自己與身體之間的連結。

引導孩子開啟自己的五種感官，透過視覺、聽覺、觸覺、嗅覺與味覺，關注眼前所發生的任何事物。例如下雨天，感受雨滴落下來的畫面，聆聽雨滴打在屋頂、窗戶或地上的聲音。伸出手，感受雨滴落在掌心的感覺。閉上眼，嗅聞當下雨水的味道。如果願意，可以張開嘴巴，讓雨水輕輕滴在舌頭上，嚐嚐雨的滋味。

讓自己的注意力聚焦在此時此刻，不去焦慮未來尚未發生的事情，不去憂鬱過往那些不愉快的事物。當這些念頭、感受再次浮現，試著引導自己將注意力再次拉回到呼吸，掃描自己的身體或關注眼前的事物。讓想法是想法，感受是感受，隨風而逝。陪伴孩子透過一次一次的正念練習，找回自己的專注力。

別老是揮魔法棒，說教對過動兒無效

反覆練習，反覆地做

「冬冬，過來，你不要在那邊一直跑來跑去。過來！哎呀，我就跟你講，叫你不要跑，你到底在幹麼？老闆娘，對不起，對不起。」

媽媽邊低頭道歉，邊彎下腰，一隻手撿拾起地上被撞翻的物品，另一隻手緊抓著小孩，以免一不注意，冬冬又一溜煙地四處亂竄。

「老闆娘，真的對不起，對不起。」媽媽猛賠不是。只不過，這樣道歉的戲碼一而再、再而三地上演。

「我真的是受不了你了，如果下次再這樣，我們就都不要出門。為什麼老是說不聽？」

冬冬像不受控的野馬到處亂竄。

「難道你真的要逼我買一條鏈子把你牽著走路，你才能聽話？」說歸說，媽媽當然不會這麼做。

冬冬又作勢要往前衝，媽媽死命地拉著孩子的手，只是冬冬年紀小歸小，想要往前衝的力道，讓媽媽簡直就要被拖著跑。

每次帶孩子出門，媽媽就心驚膽跳，尤其是當人多的時候，或看到店裡的東西標示了「易碎，請勿碰觸」，或是接近賣場的麵包、生鮮食品時。

眼看著冬冬又要往前衝，媽媽索性兩手把孩子抱住，孩子雙腳在媽媽的身上猛踢、猛踹。

「放我下來！媽媽，放我下來！」冬冬整個身體突然往後倒，媽媽一時重心不穩，差一點倒了下去。

真的好累好累，帶孩子出來真的讓媽媽覺得精疲力竭。但沒辦法，家裡沒有人可以照顧，也不可能把孩子單獨放在家裡。

帶孩子出門，讓媽媽的心臟撲通撲通地猛跳，血壓不知飆高到哪條天際線。

失效的魔法棒

大人有時很天真，總認為手持一根魔法棒，對著孩子大聲說「不要動」，他真的就不動了；說「不要講話」，孩子就安靜了；說「專心一點」，孩子就變專心了。如果這麼神奇，那麼我們可以拿張板凳在街角擺個攤，斜槓一下。只要路人經過，我們就拿著魔法棒對他一揮，大聲對他說：「變美麗，變美麗，變美麗」，「賺大錢，賺大錢，賺大錢」！

對於ＡＤＨＤ來說，生理上的因素，導致他們沒有辦法有效地做好自我控制。活動量大、衝動、注意力不集中，總是讓自己與周圍的人感到困擾。

我們總期待用說教、講理、命令的方式，孩子就可以好好改善他們的行為，符合我們的要求。

但說真的，ＡＤＨＤ往往是知道，但做不到。

我們需要和孩子一起來「刻意練習」。試著讓孩子透過反覆練習、反覆地做，引

導孩子自我覺察言行舉止，對於自己的每一個行為、動作、說出的話，自己是否很清楚地知道？

有了自我覺察，接著引導孩子一起練習行為的控制。

例如希望孩子坐在位子上，可以引導孩子感受他的屁股和椅子的關係。帶點想像力，想像彼此之間有三秒膠黏著，就像鍋貼與平底鍋。

若想要孩子專心聆聽，我們可以主動走向他，看著他，當孩子眼睛看著我們，我們再開口對著他說話。

孩子愛說話，沒關係，我們可以多問他，讓孩子的愛說話合理表現在回答問題上。

孩子坐不住，那就讓孩子多起身幫忙，收玩具，上臺唱歌、律動、跳舞。

在班級經營上，透過走動教學，靠近孩子，以降低孩子分心的程度。靠近，也有助於孩子行為的控制、收斂。

別再使用魔法棒。當我們總是說著無效的指令，久而久之，孩子對於我們的要求就會更顯得無所謂，這時你將發現孩子的對立反抗越來越明顯。

當孩子除了聳肩，還是聳肩

當我們問孩子的用意，想瞭解他的想法、感受、事情的緣由、經過等細節，但話一問完，孩子便不假思索地馬上聳肩——這到底是真不知，還是假不知？動作回應之快，令人懷疑面對大人的提問，孩子已養成制式的自動化反應，連想都不用想，只要一聳肩，立即中斷了大人的問話，讓大人問不下去。二話不說，反正聳肩，就對了。

孩子對於問題的回應，總是自動化地以聳肩來表達，這時，孩子是否不想思考、不願意思考、不喜歡思考或不能思考？

當孩子一律回答「我不知道」

面對孩子一問三不知，動不動就脫口而出「我不知道」，或保持緘默，不願意回答問題，我們要思考孩子是在什麼情況下一問三不知，例如做錯事、動手打妹妹、打翻了桌上的牛奶，或在幼兒園與小朋友拉扯推擠。

當下或事後問孩子時，孩子回應「我不知道」，目的在於逃避接下來可能的後果

與懲罰。

如果孩子有口語表達能力，做錯事情時以「不知道」回應，我會告訴孩子：「不知道，才要問你。」讓孩子明白「其實你不說，反而說了更多，因為你的眉毛會說話，眼睛會說話，你的鼻子、嘴型、手勢、動作都在說話」。接著我會把眼前所看到的孩子各種細微的動作，一項一項說出來。

「我不知道」，也可能真的就是不知道

另外一種孩子的不知道，是真的不知道怎麼回應。

我們回想一下，過去在跟孩子的互動過程中，會不會少了示範，少了和孩子分享對事情的看法，孩子也少了表達的機會。

在這種情形下，試著幫孩子把過程說出來。先示範給孩子看，讓孩子有參考的範本，接著再來問孩子，讓他複製、貼上都可以。藉由這個過程，讓孩子逐漸有了詞彙表達能力。隨後，我們再將問題問一次。

服藥與否，不是擲筊

ＡＤＨＤ孩子到底要不要吃藥？

孩子是否需要服藥，我相信這絕對不是擲銅板，或像開關切換一翻兩瞪眼，吃或不吃的問題。

畢竟每個孩子的狀況、年齡、身高、體重、家庭與校園環境不盡相同。是否需要服藥，這一點端視孩子、父母與醫師接觸之後，再由醫師來衡量與決定。

在早期療育階段，ＡＤＨＤ孩子是否需要服藥，以下是我的想法予你參考。

不是每個ＡＤＨＤ都需要服藥，用藥是方法之一，不是唯一。只是在國內、外，似乎成為醫療的主要方式之一。

關於是否吃藥，當然一定得考量孩子的需要性，而非大人圖個方便管教而已。

在決定考慮讓孩子服藥之前，父母、幼兒園老師與相關的早期療育專業人員，是否曾經針對孩子的專注力、活動量與衝動控制努力過。或許成效有限，但做了努力，再尋求服藥，至少問心無愧。

由於父母對於學齡前孩子服藥總是有所顧慮，特別是孩子服藥後的副作用，例如

頭痛、噁心、心悸、想吐、腸胃不適、食欲不振等，尤其是食欲下降這件事往往令父母擔心會影響孩子後續的成長發育。

別天真地以為用藥即是萬靈丹，孩子在教室裡的問題就能一一被化解、改善。我還是必須強調，**孩子服藥主要是考量孩子在團體中的學習情況，特別是面對挑戰度比較高的學科，例如入小學後的國語、數學。**

相對於國小，幼兒園的整個教學情境顯得有利的是，老師的教學彈性很大，動態、靜態活動的切換，教材、玩具的運用，較能夠隨時因應孩子的狀況進行調整，也比較容易可以在適當時間將孩子的專注力拉回上課情境。

別讓孩子成為冒失鬼

「自我覺察」的必要練習

「哪個孩子不動來動去，哪個孩子不跑來跑去啊？不動不跑的孩子像個孩子嗎？永泰的媽，你未免也太小題大作了。我跟你講，你們這些年輕媽媽沒有養孩子的經驗，老是上網亂看一些文章，沒事找事，把自己嚇得半死。什麼過動兒不過動兒的，小孩子不就是如此，永泰要看什麼醫生？沒病都被你說得好像有病一樣。」

聽婆婆這麼說，媽媽解釋：「可是幼兒園老師不時抱怨，說永泰上課時一直靜不下來，讓老師根本無法上課。而且其他小朋友也告狀說他動不動就拉人家的頭髮，把小朋友推倒，沒有經過別人允許就拿別人的玩具。人家疊好的樂高積木，他一腳

就給它踹下去，還有拿到球就直接往別人的頭丟過去。老師不時地明示和暗示，要我們換個幼兒園或許會比較適合他。」

「如果這個幼兒園不會教，那我們就換個幼兒園。我跟你講，現在少子化，學校只怕沒有學生，你還擔心永泰沒有幼兒園讀嗎？」

婆婆一副老神在在、不在意的無所謂模樣，讓媽媽開始懷疑自己是不是真的小題大作。可是來自於老師如海浪般的抱怨，讓自己真的招架不住，不知道該如何是好。重點是，班上的其他小朋友大都不會這樣，為什麼偏偏這些問題都發生在自己的孩子身上？做媽媽的真的不解。

「我跟你說，現在的老師成天巴不得每個孩子像公仔、雕像或大佛一樣，靜靜地坐在教室裡，一動也不動。這樣對老師教學來說可是最輕鬆的。誰不喜歡輕鬆的工作？老師把問題都推給我們家永泰真的是夠了。」

「可是這些問題如果一直沒有解決，永泰就要上小學了，那到時該如何是好？」

「我跟你說，過一天算一天，孩子長大自然就會好了。他爸爸小時候不也是這樣動個不停？不只幼兒園，打從娘胎開始就在我肚子裡動個不停，活潑得很，現在還不是好好的，碩士畢業了，有穩定的工作。你看你還不是選擇嫁給他？別老是在那邊發什麼神經，和幼兒園老師唱雙簧。」

「LINE！LINE！」手機又傳來LINE的訊息通知聲，媽媽的心揪了一下，實在沒有那個勇氣滑螢幕看老師傳來的訊息。

說服不了婆婆，自己內心裡窮擔心，老師的LINE又不時傳來——面對這些內心的壓力夾擊，自己到底該如何是好？

早期療育別錯過：意中心理師來解惑

沒有覺察，就沒有控制

孩子冒失多少提醒著我們，他沒有覺察眼前所見的人、事、物與自己的關係。當孩子沒有清楚去注意時，就很容易出狀況。

這種注意、自我覺察的練習，絕對不是我們平時耳提面命就有效的，這對孩子來講，依然只是被動式地接收我們的嘮叨，無法磨練孩子的自我覺察能力。

我常說，沒有覺察就沒有控制。自我覺察與自我控制的訓練是很生活化的。以下雨天時，路上積水為例。發現路上有積水時，孩子們很自然地把腳跨過去或繞過去，以免腳踩到積水，濺得滿身都是汙泥。但你會發現ＡＤＨＤ走在路上，往往沒有覺察路上的積水，而一腳朝積水用力踩下去，濺了滿身泥巴水，同時也噴髒別人，換來對方的白眼。

另外一種情形是，孩子有覺察到積水，但因為衝動關係，一腳踩進積水，讓自己濺得一身泥巴水，也讓周圍的人被噴得滿身都是。

成為敏銳的觀察者

引導孩子練習自我覺察，把他眼前所看到的事物一一說出來，能夠說得越仔細越好，越能夠說出自己與周遭事情的關係越好。練習中，孩子就像觀察者般，開始細微、仔細而敏銳地說出眼前所見的事物，自己就像一張大網子，捕捉著眼前的訊息。

聽聽看孩子怎麼說，以判斷孩子所觀察到範圍的廣度及內容的深度。例如在路上，引導孩子開口說出：「前面的阿姨穿著高跟鞋，右手提著包包，旁邊的叔叔正看著手機。人行道旁邊有一棵一棵的樹，一輛 YouBike 騎了過去。穿著橘色短褲、白色無袖運動衣的先生從旁跑了過去。穿著黑色外套的小姐，牽著一條狗在散步……」讓孩子慢慢地、仔細地說說眼前所見的事物。

透過行為訓練，養成自我覺察力

請孩子拿玻璃杯，從一默數到二十，一秒一個步驟，一步驟、一步驟地來穩穩地拿杯子。過程中，我們可以藉由錄影的方式，讓孩子看到他自己的每一個細微動作，包括粗動作與細動作。

這時，**訓練重點在於讓孩子練習自我覺察，自己與周遭事物（例如玻璃杯）之間的關係，從中瞭解自己身體的動作、力道和這些事物之間的距離**。

孩子打開雨傘，撐雨傘的時候，引導他留意除了雨傘之外，還要注意到自己跟雨傘之間的關係，還有雨傘與周圍人之間的關係。在打開雨傘的時候，要前後左右觀

看，衡量雨傘與他人的距離、是否會刺傷別人，如何保持適當距離，這得一次又一次地刻意演練。

收雨傘時也是一樣。當孩子把雨傘拿回家或拿到教室裡，如何在收傘時不會碰到別人，同時也不會將雨水帶進家裡或教室裡。讓孩子在進入室內空間時，先把雨傘上面的雨水弄乾，或把傘放好。

在浴室裡，我們也可以讓孩子留意浴室地板的溼滑程度，以及自己的腳是否乾燥，留意地板或腳底是否有泡沫等細節。練習的重點在於提升孩子自我覺察，自己和周遭事物之間的關聯性。

試著讓孩子把覺察的過程好好地說出來。說得越仔細，就越容易掌握每一個環節的細節。

覺察練習，無所不在

覺察練習包括覺察自己的想法、說話、行為舉止、情緒、自己與周遭他人之間的關係，覺察天氣、溫度、時間等。

例如遇到狗大便留在馬路上，如果你有注意到，我相信你不會貿然踩下去。下雨時，在打開雨傘前，我們會仔細看一下周圍是否有人在身旁，以免雨傘打開時，一不小心扎到對方。

當我們在過馬路、開車行進間，更需要覺察自己與周遭之間的關係，因為安全第一。若地板溼滑，上下階梯時更是得留意自己的步伐是否踏穩。

我們會覺察天氣與溫度，來決定今天是否需要攜帶雨傘在身上，同時考量是否要穿長袖、外套出門。

我們會仔細地注意下一班捷運在幾分幾秒之後抵達月臺。搭乘火車或高鐵時，更需要覺察乘車月臺是北上或南下，A側或B側。

孩子進小學後，需要覺察上課鐘聲是否響起，還有多少時間可以上廁所、玩耍、打球。

若孩子對某些食物過敏，終究得小心、謹慎地覺察自己是否誤食了過敏原，例如蝦子、蘆筍、香菇等食物。

面對冰淇淋機，也要覺察自己得如何慢慢地將冰淇淋旋轉下來，或像舀冰淇淋球一樣，一球一球的堆疊上去，而不會崩塌掉。

衝動出沒，注意！

「自我控制」的必要練習

「阿清，你到底在幹麼？誰叫你把牆上的這些畫撕下來，為什麼老是講不聽？下禮拜一的成果展，爸爸媽媽要來幼兒園看你們的作品。你到底在搞什麼鬼？」

聽著老師責罵，阿清嬉皮笑臉，完全不知道自己犯了什麼大錯。

或者說，這些脫序的行為，對他來講已經成為家常便飯，每天狀況不斷，自己已不覺得有什麼大不了。更何況老師罵自己又不是一天兩天的事情。每天罵，每天念，到後來他都已經皮皮的，根本沒有把老師的話聽進去。

「這到底該怎麼辦？如果害我今晚得加班，你就完蛋了，我不找你算帳才怪。可惡的小子，還在那邊笑！」

眼看著教室牆上的部分作品被破壞，老師頓時不知該如何是好。要叫小朋友現在趕工補畫，已經來不及了。成果展的通知單早已發下去，不可能延期。

「你為什麼老愛搞破壞？就不能像別的小朋友一樣好好控制？」

老師心裡的一股悲劇正上演著，內心浮躁，毫無頭緒。要說阿清是故意的嗎？好像也找不到理由。

「你真的會挑日子，什麼時候不搗蛋，竟然還在成果展前？」

如同以往，阿清除了聳肩，還是聳肩；老師除了抱怨，還是只能抱怨。

該如何收拾這場殘局，或許才是當務之急。

早期療育別錯過：**意中心理師來解惑**

衝動出沒，注意！

ＡＤＨＤ並不是不瞭解概念，而是缺乏實際的行動執行能力。讓孩子在現實環境

中，透過不斷練習及一次又一次地修正，以有效提升自己的衝動控制。

預防勝過一切，帶孩子出門時，先思考所到的地方是否適合孩子前往。例如有些空間需要保持安靜，對展覽品只能保持距離觀看。若孩子缺乏自我控制能力，我們必須考量是否該前往這些場所。

出門在外，留意孩子在某些時間點，容易因為衝動而碰觸不該碰觸的物品，或在路口亂衝、上下樓梯到處跑。當下我們該牽手就牽手，以控制孩子的行動。

藉由牽手來讓孩子被迫做好自我控制。不是我們對孩子不夠信任，而是避免我們的孩子一而再、再而三地出現狀況。除了讓我們感到尷尬，孩子的負面經驗也會逐漸累積。

縱使我們在出門前千交代萬交代，告訴他：「待會要看展覽，要保持適當的距離，不能任意碰觸眼前的東西。」但你會發現說歸說，孩子依然無法遵守。要達到這種境界，孩子的自我控制得非常良好。

「不要亂碰」四個字看似簡單，卻需要長時間來練習。例如不亂碰時，手要擺哪裡？自己與前方的物品要保持多少距離？這需要實際的操作，一而再、再而三地反覆演練，比如雙手交叉擺在胸前，或放在背後、插入口袋裡。

不要只是告訴孩子「你不能做什麼」，而是直接帶著他怎麼做。

原來控制是這樣做

對於缺乏覺察及自我控制的孩子，可以拿一個裝滿水的臉盆擺在地上，讓孩子一隻腳抬起來，在臉盆上面騰空，不把腳踩下去。**孩子看見臉盆，是練習自我覺察；抬起腳懸空，是練習自我控制。**

孩子需要練習覺察自己與臉盆之間的關係，就如同孩子與積水、和周遭他人之間的關係。

「拳頭不觸及掌心」的練習

讓孩子瞭解，「衝動」就像右手拳頭直接撞擊左手手掌心。

練習自我控制時，孩子張開左手掌心，右手握緊拳頭，朝左手掌心靠近，越靠近越好，但不能碰觸到左掌心，藉此瞭解覺察與控制是怎麼回事。

別再內建打地鼠ＡＰＰ

面對ＡＤＨＤ的衝動，我們總是像內建打地鼠的方式，不斷告訴他「不准碰，不能碰，不要碰」。往往認為只要告訴孩子，他自己就可以做得到。

但ＡＤＨＤ的問題在於，他缺少了一種實際去覺察自己的行為與周遭事物之間的關係，以及少了實際反覆操作演練的過程。少了觀看自己行為的模式，少了實際演練，孩子是很難從概念上、認知上的瞭解，直接跨越到進行行動。因此「刻意練習」是必要的事。

ＡＤＨＤ常在未經他人同意的情況下，任意碰觸對方的身體、物品，讓他人感受到不悅、厭惡、受侵犯。面對孩子的衝動行為，或解讀為熱心助人也好，可以讓孩子在行動之前多加一句「徵詢」的話，好取得對方的授權與同意。

例如看到小朋友的頭髮上有東西，孩子二話不說，直接用手把東西撥弄下來，讓對方感覺到受侵犯。雖然是熱心，但行為總讓對方覺得唐突、厭惡和不受尊重。

引導孩子練習脫口說，例如：「小美，你頭髮上有葉子，需不需要我幫你弄下來？」當對方表示：「謝謝你的提醒，不用，我自己撥下來就可以。」孩子需要尊重對方，不能任意去碰觸對方的頭髮。

練習不說話，再說好話

試著讓孩子透過一些想像來練習閉上嘴巴，例如自己的雙唇之間黏上了三秒膠，或需要輸入密碼，或雙唇拉上拉鏈、上鎖、關起鐵門，或是電池未充電，讓嘴巴無法開啟等，與孩子腦力激盪，想像的內容可以天馬行空。我相信，你與孩子可以有更多豐富的想像力。

同時，在不開口的情況下，練習將自己想要說的話，在腦海裡一次又一次地反覆確認。當然，這道練習較難驗收，只能先相信孩子有在練習做。

第六章

從遊戲中，釐清發展現況、享受玩的愉悅

遊戲評估，最容易瞭解孩子發展的方式

第一時間發現孩子的發展現況

「文廷這孩子怎麼這麼奇怪？親子館有這麼多玩具，卻連碰也不碰，盡站在那邊發呆，玩都不玩，時間就這樣耗了過去。」

「我在一旁一直慫恿他玩，可是不管我手上拿著什麼玩具，玩偶、汽車、火車軌道、扮家家酒、樂高積木、拼圖……能夠拿的一個一個都拿了，他就像木頭人一樣不為所動，好像我會害他一樣。又不是要讓他喝毒藥，哪需要怕成這個樣子？好像周圍的人是哥吉拉，開口會把他吞噬。」

文廷媽媽很是納悶：為什麼孩子對於玩具、玩遊戲提不起勁？

「不只是玩具，帶他到公園、遊樂場時，他也還是躲在我身旁，兩隻眼珠子骨碌骨碌地看其他孩子玩。難道他用看的就飽了嗎？」

「如果我硬把他往前推過去，他一定三秒鐘不到就馬上往我背後躲起來，兩隻手緊緊抓著我的衣角。我的衣服常常被他這樣一抓，弄得皺巴巴的。說真的，衣服倒是其次，我只擔心為什麼孩子不下去玩……」

對於文廷的狀況，媽媽實在困惑不已，但只能不時在Messenger向閨密抱怨、訴苦，期待對方能為自己解惑。

遊戲評估，是最容易入手的方式

透過孩子的「玩」做為發展評估的研判，可以讓父母與幼兒園老師在第一時間發現孩子的發展現況。

＊一歲以前的孩子：遊戲發展主要是以「感官刺激」為主。手上拿起玩具、物品敲敲打打發出聲音，或把玩具箱裡的玩具丟在地上，撥弄玩具，誠屬自然。

當孩子的發展年齡已經超出一歲，卻還停留在感官刺激的遊戲上，我們就必須研判孩子早期使用物體的能力（功能遊戲），是否沒有發展出來。

＊一歲至兩歲之間的孩子：主要的遊戲發展在於「使用、操作眼前物體的能力」。

例如孩子拿到球，他知道這個球可以滾、可以拍、可以丟。拿到鍋碗瓢盆會知道這些是容器，可以裝東西。功能遊戲逐漸形成。

當孩子拿到塑膠袋，就開始搓揉發出聲音；拿著兩顆球或車子，就開始敲敲打打。這時，請留意孩子的遊戲發展是否依然停留在感官刺激上，沒有順利進入到功能遊戲的發展階段。

我們要隨時檢視孩子的年齡發展與他現在玩遊戲的能力，是否相吻合、一致。

固著性，拉大了孩子與其他事物的距離

當你發現孩子面對玩具時無所事事，不主動碰觸任何玩具，對著玩具發呆，不知道可以做什麼，或出現自我刺激，不斷地玩手、轉圈圈，手在眼前晃來晃去——請留意孩子的遊戲發展是否停滯，不知道眼前的玩具怎麼玩。

當你發現孩子選擇的玩具，長期下來都是特定的那一項，例如車子，要留意孩子是否對於玩具產生固著性，出現固執、刻板、重複、有限的行為模式，只對單一玩具產生興趣。

對於事物的固著性，容易造成孩子對周遭事物產生排他性，疏於注意與關注。例如除了車子以外，孩子對於其他的玩具不感任何興趣。

當孩子「沾醬油」似的玩──持續性注意力短暫

當你觀察到孩子玩遊戲時，每項遊戲持續的時間都很短暫，例如扮家家酒玩一玩，鍋碗瓢盆沒有收，就跑去疊積木；車站蓋到一半，又放棄堆疊積木，跑去玩車子；車子開到一半，又違規停在路邊，跑去玩娃娃……

像這樣，看到孩子對於每樣東西就像沾醬油，碰一下，碰一下，就放棄了。如果你發現孩子每一樣玩具、每一種遊戲都玩，只是玩的時間很短暫，這時就必須思考是否在專注力上出現了問題。

沒有人想被討厭

若孩子在幼兒園，沒有人願意和他玩，要先釐清孩子是否有玩遊戲的能力。從最

基本的功能性遊戲開始，逐漸增加孩子的想像、扮演、建構或彼此追逐，例如紅綠燈、鬼抓人、老鷹抓小雞、警察抓小偷等遊戲內容。

如果孩子被排擠的原因是因為過度衝動，無法遵守遊戲規則而造成其他孩子討厭、反感，這時我們要加強的是孩子的自我控制及覺察能力。

以過動兒為例，他們往往知道遊戲規則，但因為缺乏自我控制，很容易讓其他孩子反感、討厭。我們必須從最基本的自我控制行為開始，逐漸訓練，以及培養孩子的自我控制能力。

當孩子被討厭的原因是堅持自己的玩法，例如亞斯伯格症的固執，這時要引導孩子學習讓其他孩子接受自己的玩法。例如學著這樣說：「小朋友，除了Ａ玩法之外，我們也可以考慮Ｂ玩法，也很好玩哦。我們可以輪流玩，這樣就可以玩兩種遊戲。」

面對亞斯兒，我們並非總是順著孩子，讓他想幹麼就幹麼。要引導孩子學習說服他人，讓對方也可以接受自己想到的遊戲內容。

玩遊戲並非一定得如何不可，只要好玩，沒有強迫別人接受，有彈性地玩，接受不同的輪流方式，小朋友會是非常樂意的。

遊樂設施的玩法觀察

幼兒園及公園的遊樂設施，特別是盪鞦韆、蹺蹺板、溜滑梯，總是孩子們的熱門首選之一。

面對不同的遊樂設施，孩子需要具備不同的社交技巧及人際關係能力。

＊盪鞦韆

對於傾向一個人，不善於和其他人互動的孩子來說，選擇盪鞦韆或許是一場獨自的享受。盪著盪著，假如公園當時沒有其他孩子，鞦韆要盪到什麼時候都不成問題。但如果這時站在旁邊的孩子一直看著自己，明示、暗示著：「小朋友，該換人了吧？」孩子當下得練習判斷是否該輪流換別人來玩了。

同樣地，孩子也要學會當發現盪鞦韆有其他小朋友在玩時，自己該如何表現出「換我玩」的訊息。有些孩子會依賴著爸媽，希望大人能夠協助開口說。但孩子終究得

要練習勇於表達，爭取自己的權利，畢竟父母也不太可能都在孩子的身旁。

＊蹺蹺板

一個人玩蹺蹺板不太有意思，有些孩子會希望爸媽和他一起玩，但是假如爸媽不下場，此時另外一個孩子主動靠過來，在蹺蹺板的另一端坐了下來，這時孩子是否可以適應與陌生小朋友的互動？

同樣地，換個角色，孩子是否可以練習開口：「小朋友，我可以和你一起玩蹺蹺板嗎？」善意地表達，給自己機會。

當兩個陌生的孩子一起玩蹺蹺板，彼此的默契、合作、協調與互動顯得相當重要。

＊溜滑梯

溜滑梯設施的情況就複雜一些。

例如孩子在排隊時，遇到有其他小朋友插隊，這時孩子是默默承受，讓他先玩？還是心平氣和地告訴對方：「小朋友，請排隊。」或是說：「我先排的！」對方可能有善意的回應，或是完全不予理會，這時，讓孩子思考該如何繼續表達自己的立場。

關於這部分，建議平時在家裡，透過角色扮演的方式，與孩子一起實際地練習該如何對話。例如說話的方式、語氣、口吻、音量、字眼，以及自己的肢體動作等。

玩溜滑梯時，有時候會遇到不遵守遊戲規則的小朋友，例如從相反方向由下往上爬上來，或在溜滑梯的過程中，不保持安全距離，故意從身後撞過來。

面對這些惱人的互動，甚至帶著危險性的玩法，孩子會如何面對呢？是直接動手把他推開？大聲地斥喝？還是冷靜、嚴肅地告訴對方：「你這樣子玩很危險！」「請保持距離！」

想像遊戲，無遠弗屆

帶著孩子的心，翱翔世界

「先生，你好，請問你要點什麼餐？」晴晴手上拿著一個小牌子站到老師面前。

「請問有什麼飲料？」

「我們有紅茶、綠茶、咖啡、奶茶、可樂，你看喜歡喝什麼？」

「那我要一杯可樂，幫我多加一些冰塊。」

「好的。那你要吃什麼餐呢？」

「我要一份豬肉漢堡加蛋，外加一份薯條。」

「好的，馬上就來唷。」

晴晴煞有介事地在玩具廚房組拿了個小杯子，假裝倒了一杯可樂，外加幾個小積木充當冰塊。

「先生，你的飲料來了。」

「謝謝老闆娘。」

「漢堡和薯條要等一下哦！」

「好的，沒問題。」

「老闆娘，你好。」小白熊坐了下來，「有菜單嗎？」

「你等一下。」

「老闆娘，兩位。」兔媽媽帶著兔妹妹一起坐下來，兔妹妹說：「媽媽，我想要喝汽水，外加胡蘿蔔三明治。」

「老闆娘，今天客人這麼多哦？有沒有位子坐啊？」河馬先生與河馬小姐站在門口。

「你們兩位等一下，我現在很忙，今天客人比較多，待會再幫你們帶位子。」

「沒問題，沒問題。」

「先生，你的豬肉漢堡加蛋和薯條來了。」

「請問小白熊，你要點什麼餐？」

「我要點蜂蜜水，還有鮪魚吐司夾起司。」

「好的，你稍候一下。」

「兔媽媽、兔妹妹，好久不見。」

「老闆娘，你好。」

……

在小小的教室裡，老師和晴晴跟娃娃們玩得不亦樂乎。晴晴像早餐店老闆娘一樣忙進忙出，老師藉由玩偶與對話，不時進行角色替換。

早餐店扮家家酒的角色扮演遊戲，是晴晴的最愛。老師欣喜地看著孩子在遊戲中，漸漸成長。

想像遊戲的神奇魔力

兩歲以上的小朋友會開始進行想像遊戲、裝扮遊戲。

孩子知道物品本來的功能，例如碗是可以裝水、裝飯、裝湯、裝東西的。現在孩子把碗想像成是一頂帽子、一個澡盆、一個馬桶或一個口罩。針對日常生活中的一些生活經驗，把原本知道的功能做一些想像的扮演。孩子會藉由語言進行各種不同東西的排列組合，好擴展、放大他的遊戲經驗與遊戲能力。

想像遊戲的前提在於孩子熟悉眼前的物品，瞭解這些物品最基本的功能是什麼。當孩子熟悉這些東西的使用能力，對於現實有了充分瞭解的基礎，這時再透過想像的模擬，就可以無遠弗屆地擴展自己的遊戲範圍。語言的運用，更是擴展遊戲範圍的一項威猛利器與神奇魔力。

透過想像遊戲，推估孩子認知發展的層次

我們可以從孩子進行想像遊戲的內容，來推估孩子認知發展的程度。

例如孩子拿起一顆塑膠製的假雞蛋，往嘴巴放進去，這個層次比較低；相對地，孩子把雞蛋放在嘴巴前，發出咀嚼的聲音，層次高。

孩子自己假裝吃雞蛋，層次比較低；把雞蛋拿給媽媽吃，層次相對較高。給媽媽吃雞蛋，層次比較低；把雞蛋拿給玩偶吃，層次高。

你可以發現，孩子玩遊戲時先從自己玩，再逐漸從自己往外擴散，這些想像的層次就會提高。

生活處處皆媒材

*從日常生活中的物品擇取

在選擇物品、玩具做為想像遊戲的教材及媒介時，最適合的方式是從日常生活中的物品擇取，例如加油站送的面紙盒。

我們可以把它想像成是貨櫃車、聯結車。在日常生活中，當我們開著車在高速公路上，可以引導孩子看著窗外，告訴他：「你看，那是聯結車，那是貨櫃車。」讓孩子在腦海中對聯結車、貨櫃車有深刻印象。

我們可以拿著面紙盒在桌面上移動，想像在高速公路上開車。讓孩子知道原來聯結車、貨櫃車比爸爸的車還大，而且聯結車、貨櫃車大部分都是長方形的。

在孩子可以理解的範圍內，告訴他：「這裡是外側車道，我們打個方向燈到內側車道，目前時速是九十公里，前面有測速照相，請依速限行駛。」

我們可以把許多的面紙盒當成車子排列，告訴孩子：「交通路況不好，目前高速公路塞車，車流回堵。我們開車回外公外婆家，時間會比較久。」

在這個想像遊戲中，透過語言，讓孩子逐漸瞭解時速、塞車、方向燈、交流道，任何與行車有關的知識、概念，想得到的字眼都可以用上。

陪伴孩子進行想像遊戲之後，可以觀察日後孩子是否出現自發性的想像遊戲。例如把面紙盒疊高當作貨櫃來玩遊戲。若能夠透過語言將想像的內容說出來，發展的層次比只是把車子前後左右移動來得高。

＊以生活中可接觸的經驗為主

想像遊戲以孩子在生活裡可接觸的經驗為主。例如孩子在日常生活中，有機會接觸到捷運，我們就可以用捷運來進行想像內容；如果孩子在生活中有機會接觸到火車、平交道，我們可以進行火車遊戲……以此類推，玩垃圾車、資源回收分類的想像遊戲。

當車子停在紅綠燈前時，可以告訴孩子，現在車子停止不動，時速是零。

在高速公路上開車時，告訴孩子現在時速是九十、時速一百，速度越來越快。

我們也可以讓孩子瞭解兩輛車之間應保持安全距離，就像在雪山隧道裡面時，兩輛車維持著適當的車距。

從孩子生活中近距離的內容開始，再逐漸擴展、延伸。我們可以在便利商店或大賣場，一起和孩子認數字、認物品、認顏色。散步時，我們可以一起和孩子觀察路旁廣告招牌上面的文字符號。

＊網路影片

你還可以在 YouTube 上找一些大自然的影片，像是瀑布、海洋、草原、沙漠或河川，用平板將這些影片播放出來，然後運用一些動物玩偶來進行虛擬情境的模擬，例如播放出瀑布的影片，手上拿起小河馬玩偶在瀑布前晃啊晃，想像小河馬在泡澡。將影片做為背景、化為情境，再透過說話的方式，引導孩子進入想像的情境。有些小朋友會把自己畫的圖畫與玩偶、娃娃、小物結合，同樣能夠達到進入想像遊戲豐富情境的神奇作用。

「玩」的經典示範

我總認為，當父母愛玩，那麼孩子也會耳濡目染，久而久之，玩興也會出現。這裡的玩，指的是爸媽**對於生活周遭的事物總是充滿著好奇，想要趨近、探索、接觸與體驗**。例如往山邊、海邊、田邊、公園、河邊、球場去，或者看展覽等。若父母對周遭事物總是充滿熱愛，將讓孩子感受到，我們與周遭事物之間的關係是可以很緊密的。

現代的父母很忙，孩子也很忙。我們總是庸庸碌碌地，忙工作、忙家務、忙課業，

但最後卻不知為何而忙。

或許我們期待孩子好好念書，考出好成績，考上好學校，畢業後，找到好工作，穩定賺大錢，接下來想幹麼就幹麼。

但我必須說，**連「玩」這件事，都得要變成一種長期的行為模式，也就是一種習慣，這是需要逐漸養成的。**

我們真的需要跳脫玩（接觸周遭生活中的事物與大自然）會與工作、課業相牴觸的觀念。

不是的，不會是這樣的。相反地，彼此其實是相輔相成。

其實只要我們願意，就可以「順便玩」，平時或假日，在工作的路途中或是放學路上，讓自己和孩子處在一種享受與周遭事物互動的狀態。繞一下路，停下車，拍拍照，感受一下眼前所見。

別讓孩子對於「玩」的定義只停留在３Ｃ遊戲上，「玩」的概念不應該如此狹隘。

當孩子會玩，懂得適時與生活周遭互動，你會發現孩子越來越能夠敏銳地觀察日常裡的事物，同時在情緒管理上，也因為適度的舒緩，而能夠有所紓解。

想想看，自己都是什麼時候玩？怎麼玩？玩什麼？去哪裡玩？是動態地玩，還是靜態地玩？玩了之後對自己來說，是否有加分的作用？

父母好好玩，也能讓孩子變得愛玩。父母對於周遭事物想要趨近，也會啟動孩子的好奇天線，以及視、聽、觸、嗅、味覺等感受，讓孩子走向大自然。

讓自己無所不玩吧。帶著玩的愉悅心情，來看待眼前的工作、生活、學習、興趣與課業。

讓孩子把從課本中學習到的一些概念，躍出紙上，在生活中好好地去體驗，好好地去驗證。

玩，是很愉悅的。

玩，是一種對待生活的態度。

很慶幸，我自己非常愛玩，愛創造玩的經驗。

給自己多一些玩的機會，讓自己與周圍事物更加親密連結。

期待孩子能夠看見，玩的真諦。

當腦性麻痺兒被孤立

身體受限，但想像無限

「老師，跟阿若玩好無聊哦！他根本跑不動，玩鬼抓人也不能當鬼，當人也不跑，好懶惰，抓到他好沒意思。」

「對嘛，有時叫他跑快一點，只是輕輕碰一下，他就跌倒了。我們才不想跟他玩。」

「誰叫他連走路都不會走，還穿那麼奇怪的鞋子，有時會踢到我，我的腳好痛哦！」

「你不覺得他的鞋子很酷嗎？好像機器人耶。好想叫我媽媽幫我買一雙。」

聽著小朋友們東一句西一句地跟老師說，阿若尷尬地坐在位置上，眼神緊盯著地板，連頭也不敢抬。

老師也很無奈，可是媽媽請老師幫忙，要小朋友跟他做朋友，一起玩。「你們就再試一試嘛。」

「我們才不要，他什麼都不能玩。玩躲貓貓，大家都跑去躲起來了，他還站在那邊。」

阿若繼續神情落寞地盯著自己的腳。

「不然，阿若你看繪本好了，老師幫你拿幾本繪本給你看。」老師突然想起一個兩全其美的方式。可是對於阿若來說，他不是不愛繪本，而是他也想像其他人到處跑一跑。只是自己的腳不聽使喚，老是跟自己作對，沉重得像大象的腳被綁上水泥塊一樣，抬也抬不起來。

幼兒園老師也感到有些麻煩，常常在進行一些動態活動時，阿若就只能坐在原地。當大家跑來跑去，手舞足蹈地律動，阿若只能勉強坐在位子上，擺動著上半身。雖然如此，阿若還是樂在其中。

「老師，他的腳到底怎麼了？是不是發生車禍？」

「老師，他是不是生病了？他為什麼不能走路？為什麼要一直坐在輪椅上面？跟我爺爺一樣。」

小朋友有時會好奇地問著，老師也不知道該如何向孩子們解釋。若講得太深、太專業，孩子們可能還是聽不懂什麼叫做腦性麻痺。

早期療育別錯過：**意中心理師來解惑**

以特殊需求孩子為中心

孩子移動不方便，那麼就試著以孩子為中心，在他身旁進行活動。或許孩子沒有辦法全程像其他小朋友一樣追趕跑跳碰，但可以試著讓腦性麻痺兒像裁判或啦啦隊一樣，在旁邊幫小朋友助陣、吶喊、加油！

當孩子的動態活動受限制，我們可以選擇一些靜態性的活動，比如說角色扮演，讓孩子依然能參與其中。融合並不等同於孩子要做相同的事情。

遊戲不拘泥形式，只要好玩，動靜皆宜。讓我們腦力激盪，想想看以腦性麻痺孩子為中心，其他孩子繞著眼前這個孩子，我們可以玩什麼，而且玩得很有趣、很有意思。

讓我們跳脫慣性的玩法，例如追趕跑跳碰，來試著研發出新的玩法。也許眼前腦

性麻痺孩子的大動作移動不方便，精細動作協調不理想，但他的情緒開朗、積極樂觀、堅持不懈與善良微笑，也都是迷人的所在。

例如讓孩子兩兩一組，在兩人之間隔著一條毛巾，比賽準備開始。說明完遊戲規則，倒數三秒鐘之後，拉開毛巾，兩個人眼神互相注視，不准偷笑，這時看誰能夠撐得比較久。也可以將毛巾拉開，一個人扮鬼臉，另一個人不能笑，有時孩子不經意地笑了出來，讓彼此哈哈大笑。

讓孩子進行眼神相互注視的遊戲，跳脫身體的限制與行動上的不方便。

路是人走出來的，遊戲也可以再想出來。不要畫地自限地認為非得如何玩不可。只要我們願意動腦想想，一定有許多好玩的活動能研發出來。

體貼藏在細膩中

在幼兒園有時讓孩子收拾玩具，一聲令下，手腳動作比較快的孩子三兩下就把玩具收了起來。

然而，腦性麻痺孩子也會想要收拾，只是往往自己還在移動身體時，眼前的玩具都被收光光了。

我們可以讓其他小朋友拿一個小箱子過來，讓腦性麻痺孩子以他能夠做得到的方式，將玩具放進小箱子裡，讓孩子有參與感。

也許他沒有辦法像其他孩子把玩具放到玩具櫃中，但可以採取合作的方式，腦性麻痺孩子把比較小的玩具放進箱子之後，再由另外一個孩子接手將這個小箱子放進玩具櫃中。讓孩子有參與感，不至於感到置身事外，成為幼兒園的邊緣人、隱形人，甚至像空氣。

人生，不只是限制

面對腦性麻痺、肢體障礙孩子，我們很容易把焦點放在孩子的缺陷，例如不方便的手、腳、動作控制上。

孩子花了許多的時間、心思進行必要的動作復健，我們也要提醒自己在幼兒園中，需要引導其他小朋友們將注意力放在一個人的整體特質上。例如引導孩子們去欣賞當事人的微笑、炯炯有神、親切、善良，貼心、幽默、有趣、善解人意等特質，而

非僅關注孩子的動作限制。

我們需要引導腦性麻痺、肢體障礙孩子**看見自己所擁有的，例如他的能力、他的興趣及嗜好、他的說話表達等等。**行動的缺陷、限制並不等同於孩子整個人，不等同於他生命的一切。

身體受限，想像卻無限

在幼兒園，我們可以多製造合作遊戲的機會，例如分配角色時，由腦性麻痺孩子來擔任發號施令的人、給意見的人或指揮的人，就像大將軍一樣，其他的小朋友眾志成城，按照大將軍的命令與要求。儘管孩子身體受限，透過角色扮演卻是想像無限。

請收起我們的不耐煩，允許孩子可以慢慢來，讓他在慢慢來的過程中，去覺察自己的每一道動作。

我們也可以改變遊戲規則，例如來進行一場比賽，看誰移動的速度「最慢」。

誰說比賽只能比快？我們也可以修改規則，慢慢來，比誰可以控制好。遊戲規則是可以改變的，遊戲內容是可以隨時進行調整的。

孩子輸不起，怎麼辦？

引導孩子將注意力放在「過程」

「小朋友，還有倒數三分鐘，待會時間一到，每個人都要停止動作，不能再疊積木了。我們來看這一次疊高比賽，誰會是最後的冠軍。」

聽到「冠軍」兩個字，阿樹就覺得自己非贏不可，這讓他越來越焦慮。雖然疊積木是自己拿手的事，可是因為太緊張，手一直在抖，積木疊了又掉，疊了又掉，旁邊的小朋友一直看著笑。

「倒數兩分鐘。」老師的倒數讓阿樹感到很厭煩，所有的注意力都在這三分鐘、兩分鐘，以及即將聽到的一分鐘，想著想著，自己根本沒有辦法專心疊積木。

眼看著大山的積木越疊越高，阿樹二話不說，右手一揮，將大山的積木高塔打落一地，夷為平地。

「阿樹，你在幹麼?!」大山淒厲地尖叫著。

教室裡的積木比賽頓時氣氛凝結，一場山雨欲來的風暴即將出現。

第二天——

「你幹麼推我？」大山喊著。

「誰叫你故意擋在我前面！」阿樹回嗆。

「我才沒有故意，是我跑得比你快。」

「才不是，是你剛才先偷跑。」

「我才沒有，老師說『預備……起』，我才開始跑的。」

見阿樹和大山在吵架，老師問：「你們兩個在幹麼？」

「老師，阿樹推我，讓我差點跌倒。」大山告狀。

阿樹喊冤：「才不是！是大山故意擋在我前面，讓我看不到路，害我沒辦法跑得快，而且他剛才還犯規偷跑。」

「我明明就沒有偷跑。你每次都愛亂講話，每次跑輸人家就不服氣。」大山說。

「我才沒有！」阿樹拉高音量，「是你故意，是你犯規，要被淘汰！」

老師試著排解糾紛。「你們兩個不要再吵了。只是跑步比賽，有什麼好計較的？不然，你們兩個再跑一次。」

「我才不想再跑。根本不公平，他明明就是故意犯規。」大山瞪著眼又嘟著嘴，怒氣沖沖地，真的受不了阿樹的胡亂指責。

早期療育別錯過：**意中心理師來解惑**

了解輸贏的得失心

教室裡進行比賽，孩子對於輸贏的結果太在乎、太在意，只要沒有達到自己預期的結果或輸了，當下就情緒崩潰、尖叫、辱罵、丟東西、摔東西、動手推人或打人。

為什麼孩子輸不起？為什麼孩子對於輸贏這麼在意？

倒不是因為孩子對於輸贏太在意，就此不做任何競賽性的活動，畢竟孩子日後在

各階段一定會遭遇學習、運動、比賽、才藝等競爭。

不過，我們可以想想面對比賽的結果，大人是否過度反應了。孩子獲勝固然值得肯定，但我們的情緒反應是否太過於強烈，而讓輸的一方感到挫敗，或是疏於被關注。

此外，比賽結束後，是否贏的人有獎品、禮物吸睛，輸的人則什麼都沒有。

有些孩子對於比賽結果的在意，在於有沒有獎品。當孩子的關注只在於結果，這時很容易忽略了在競賽過程中，緊張、刺激的樂趣。

聚焦在過程的迷人

要幫助孩子降低對於結果太過明顯的得失心，關鍵在於我們如何引導孩子將注意力放在「過程」。一起與孩子討論在過程中所看見的任何事物，例如參與比賽的人在當下的心情、行為、感受，並引導孩子說說這場遊戲好玩的地方在哪裡。

我們也可以玩到一半，突然暫停比賽，先到此結束，不說結果和名次。

為了讓大家把注意力拉回過程，參加比賽的人無論最後輸贏結果怎樣，統統有獎，餅乾、糖果、點心，大家都一樣。

當我們與過度在乎輸贏的孩子進行比賽，尤其是一對一時，大人要能夠掌控輸贏。當下該輸還是該贏，我們可以有效地拿捏。

為了讓孩子能夠參與，一開始可以刻意放水，讓自己輸。輸了一次、兩次、三次，接下來適度地贏。就在有輸有贏的過程中，讓孩子感受比賽過程中的刺激與樂趣。

競賽的目的，不同的用意

在幼兒園，我們會帶著孩子玩競賽活動，對於不同孩子的活動設計，我們期待達到的目的不盡相同。對於特殊需求幼兒，我們得考量基於不同孩子的身心特質，對於競賽輸贏的結果會有截然不同的反應。

選擇不同的競賽活動，讓孩子瞭解不同的人有不同的擅長之處與優勢，就像每一根手指頭的長短都不一樣。有的孩子擅長跑步，有的孩子擅長投籃，有的孩子套圈圈很厲害，有的孩子會畫圖、唱歌或跳舞，每個人都有各自所擅長、值得被肯定的所在。

＊考量基於不同的身心特質，孩子對於競賽輸贏的反應也不同

對於自閉兒，我們設計競賽的目的主要是讓孩子把注意力聚焦在對方身上，藉由分組、分隊的概念，讓孩子可以跳脫以自我為中心的狀態，讓他去注意到還有另外一組、另外一隊，以及同一組、同一隊的成員之間的關係，學會分辨、判斷自己與他人之間的關係。同時藉由比賽的方式，讓自閉兒更加具有目的性，針對目標的設定，讓自閉兒朝這個方向前進、執行及完成。

對於亞斯伯格症孩子，在執行競賽這件事情時需要特別注意，因為這群孩子對於輸贏相對地很敏感，有時會過度在乎輸的結果，少了被獎勵，這時孩子的情緒起伏會很大。由於比賽充滿不確定性，而不確定性往往給孩子帶來焦慮，這些孩子在焦慮的情況下，很容易情緒失控、行為失控。如果沒有按照孩子所預期的達到某個結果、獲得某種獎勵，孩子通常很容易產生歇斯底里的情緒。

對於ＡＤＨＤ來說，競賽讓他們設定了目標，並且朝著目標維持專注力，持續地進行，並且盡力達到所設定的目標。競賽往往能夠誘發ＡＤＨＤ參與的動力。這群孩子對不確定性往往充滿了動力，越是不確定，越是激發這些孩子的執行力。比賽因為有規則，ＡＤＨＤ必須要學習自我控制，好好遵守相關的規定。

當ＡＤＨＤ無法遵守這些規定，就很容易造成其他小孩對於ＡＤＨＤ孩子的反感與排斥。在學齡前進行競賽往往傾向動態活動，這正好是ADHD最喜歡、熱愛的安排。

對於智能障礙、發展遲緩孩子，藉由競賽讓他們學習到團隊的合作、團體共同執行目標，同時在過程中有機會模仿其他一般同儕的行為模式，提升認知能力。

＊針對不同的身心特質，設計不同的競賽活動

對於不同孩子的競賽設計，以**自閉兒**、**智能障礙**、**發展遲緩孩子**來說，競賽內容優先以孩子能夠完成、達到的活動內容為主，讓這些孩子在「有能力做」的情況下產生成就感，有自信地繼續參與眼前的活動，並且換來好心情，以增加孩子的內在動機。

為**亞斯伯格症孩子**安排競賽時，盡可能地把焦點放在競賽過程中，有趣、有意思及吸引人的地方，減少過度聚焦在結果的獎勵。「別人有，我沒有」的結果，往往會造成這些孩子過度敏感，情緒很容易因此反彈。

對於**ADHD**來說，由於他們的專注力持續性比較短暫，為了讓孩子可以充分表現出他們該有的能力，建議在活動設計上可以採取「分段」，一段時間、一群一群來比賽，孩子的持續性相對來講就可以維持比較久。

第七章

關於早療，五個最常見的重要疑問

真的是「大隻雞晚啼」嗎？

其實這是早期療育的致命傷害

「你不要再跟我說佳航有什麼發展的問題，要帶去醫院看醫生。我跟你講，我們佳航以後長大要做醫師，是人家要來醫院看他，怎麼會是他現在要去看醫生！」公公氣憤地責罵媳婦。

婆婆也接著說：「這麼聰明的孩子都被你詛咒成笨蛋，你這媽媽到底是怎麼當的？現在的年輕人就只會上網，不會教孩子，只會怪東怪西。生什麼病？佳航現在才幾歲？說話慢，又會怎樣？」

「佳航乖，阿嬤陪你玩，別聽你媽媽亂說話。」婆婆憤而將佳航帶離。

佳航的媽媽覺得和公婆說話常常像踢到鐵板，不管自己怎麼解釋、怎麼說理，就是無法溝通。

她可以理解，在這個家中，佳航是長孫，公婆當然無法忍受自己的金孫在發展上不如其他孩子，不比其他孩子聰明，更別和他們說自己的金孫笨。

但問題是佳航的發展真的比其他孩子慢，這一點讓媽媽感到非常心急。她想要早一點釐清問題的癥結，很擔心時間再拖延下去，問題就這樣擱著，會一再錯過孩子的黃金介入機會。

只是在這個家，有些事情並非自己可以自行決定，縱使是關於孩子的發展落後……

早期療育別錯過：意中心理師來解惑

別讓認知侷限，卡住黃金介入時間

請停下來想想，為何你我在解讀孩子的行為上會有如此的差異？不同的看法，究竟會把孩子的發展帶到何處去？請別讓自己認知的侷限、錯誤的觀念，卡住了孩子的黃金介入時間，而讓孩子的發展錯過改變的機會。

別讓錯誤的觀念，卡住孩子發展的黃金契機。

早期療育，最是忌諱聽到周遭長輩說出「大隻雞晚啼」這句話。千萬別說「他爸爸還不是五歲才會講話，他阿伯不是五十歲才會開口」。

爸媽發現孩子的不對勁，往往是從孩子說話比同年齡幼兒慢開始。有時爸媽好不容易覺察到孩子的落後，內心想著該如何來協助孩子，但是當「大隻雞晚啼」這個念頭浮現，往往造成孩子錯過關鍵的黃金介入階段。

「零至三歲」是孩子發展改變的最佳契機。孩子落後的發展若拖到四、五、六歲才處理，將讓親子雙方都感到吃力。

別自行猜測，徒增風險

孩子語言發展落後，存在著許多不同的原因，或反映了不同的疾病或障礙。

許多爸媽一直猶豫是否要帶孩子到醫院接受醫師的評估。擔心家裡的長輩對於自

己的舉動深感不以為然。有時也會想是否自己太過敏感，大驚小怪，但心裡的不安及疑慮，讓自己花了許多時間在網路上，不時地搜尋、提問，從其他家長的一些留言中抽絲剝繭，推測孩子可能存在的問題。

自己的心態總是像鐘擺般左右擺動著，一會兒認為孩子有自閉傾向，一會兒又認為這是孩子的個性和特質。一下子認為孩子長大就會好，一下子又擔心問題沒解決，是否會延誤孩子的成長。

在網路上、群組中不時詢問網友的意見，像是擲筊。或如同手持著一朵玫瑰花，一片葉子、一片葉子摘下，心裡「孩子落後，孩子沒落後，孩子落後，孩子沒落後」地胡亂猜測。在旁人未實際接觸孩子、對孩子不熟悉的情況下，與缺乏專業背景的支持下，任何建議都可能存在著風險。

這時，**衷心建議你帶著孩子前往鄰近的醫療院所，尋求兒童心智科、復健科、小兒科醫師的協助，或安排相關的聯合評估鑑定，透過物理治療師、職能治療師、語言治療師、臨床心理師等，協助釐清孩子可能存在的發展問題。**

診斷是一種「溝通」

診斷是一種「溝通」，在於讓我們瞭解孩子眼前所呈現出來的情緒、行為、溝通等，所要傳達的訊息。

有些孩子屬於語言發展遲緩，在表達或理解上，與同年齡孩子相較慢了一些。有些孩子則需要進一步釐清是否存在智能障礙，或伴隨固著性及社交上的困難，而被懷疑存在自閉症傾向。

不同的診斷在介入的內容、重點和方向上，有所不同。藉由專業人員的協助，以找出孩子發展的核心問題，並進一步找出相對應的解決策略。這對孩子來說，是非常重要且關鍵的事，輕忽不得。

千萬別再說「大隻雞晚啼」。療育錯過就錯過了，這對孩子非常不公平，日後我們將付出更多的時間、心思、金錢等成本，就怕到時還不見得能夠有效挽回孩子的發展。

別讓自己的錯誤觀念妨礙了孩子成長的契機，也別因自己的鴕鳥心態、不願意面對，在日後付出更大的代價。

該帶孩子去醫院評估嗎？

大人的想法，會影響孩子如何看待自己

「真的要帶孩子到醫院去嗎？我不能先自己上網找一些文章、聽一些Podcast或看一些網路直播來參考嗎？或者你也可以介紹一些書，讓我先翻一翻，不是也可以嗎？」倫倫媽媽對著妹妹訴說煩惱。

「姊，為什麼你這麼抗拒帶孩子上醫院？與其我們在那邊自行猜測，倒不如讓醫院專業的醫師、心理師與治療師來進行研判，不是比較好嗎？」

「可是到醫院去，不是每個人都會被下診斷、都有病嗎？健保不都是這樣？你看我們去看健保的診，上面不是有很多疾病代碼，不然醫師怎麼批價？」

「那為什麼孩子咳嗽、發燒、腸胃不適、拉肚子等等，你要帶孩子去醫院？按照你的邏輯，不也一樣上網去做些功課就可以解決？」

「不一樣，這是孩子真的不舒服，生病了，當然要看醫生啊。」

倫倫的阿姨勸說：「那如果心理、行為、情緒有了困擾，為什麼不需要看醫生？更何況你也知道倫倫的發展與同年齡的幼兒比較起來，就是落後、緩慢，這一點你真的不要再欺騙自己了。」

「可是我不想聽到醫師對倫倫下診斷。這種情況就像去行天宮地下街算命一樣，當你聽到算命師的論斷，不論你信不信，在心裡面就是會有疙瘩。」

「拜託，你怎麼把就診和算命連在一起？如果醫師的診斷和孩子的狀況接近，反映的就是孩子的發展情形，這樣不是更好嗎？不是可以讓我們更清楚地知道如何去對待孩子，找到適合他的方式嗎？」

倫倫媽媽猶豫不已：「話是這麼說沒錯，可是——」

「你別再可是了。再這樣拖延下去，我擔心最後會延誤了倫倫的黃金介入時間，到時候你就後悔莫及。」

我們有情緒很自然，但想法不見得合理

特殊需求孩子的父母如何來看待孩子身心發展落後，心情上該如何調適？在想法上如何保持著合理的態度，接納眼前孩子所有的一切？

請允許自己有任何的情緒，這非常自然也合理。留意自己的行動是否受到這些情緒的限制，同時也留意自己的想法是否偏執、扭曲、負面、否定。

面對孩子發展落後，為人父母心中會感到著急、焦慮、不安、難過、傷心、自責、沮喪、生氣、憤怒。這些負面情緒不時摻雜在一起，讓自己喘不過氣，理智線常常被抹去。

建議先暫時停下來，放鬆一下，讓自己的心情試著平靜，透過不同事物轉移。在平靜、穩定的情況下，我們再靜下來，好好地將內心想法逐一記下來。

再次提醒，我們的感受很自然，但想法不盡然合理。寫下我們對於孩子發展的看法，逐一檢視這些想法的合理性，是否存在盲點、偏見、固執的看法，以及欠缺問題的解決方法。

面對孩子的身心障礙及發展遲緩，總是讓許多特殊需求孩子的爸媽產生無力感、無助感與挫折感。

這份無力感，有時候來自於經過長時間的早期療育及相關的復健，為何孩子的改善與突破如此地原地踏步，看不見明顯的調整與改變。例如自閉症孩子口語的表達，或是腦性麻痺孩子步伐的移動。

這份無力感，或許也讓我們重新檢視自己的期待是否合理、是否過度、是否不切實際。我們內心是多麼希望孩子有明顯的改變，甚至於恢復到正常的奢求與渴望。

滾動能力的雪球，滾出自信的複利

大多數人在生活上、工作中，大都是以自己擅長的能力生存。只是，面對特殊需求的孩子，我們很容易在眼中只剩下他的弱點。

針對孩子的弱點不斷訓練、不斷補強，哪裡不足，就補哪裡。不知不覺中，將所

有的時間、心思與體力，全都投注在這些弱點的訓練上。

沒錯，弱點是需要補救與加強，這一點無庸置疑。但可不可以不要眼中只看見孩子的弱點，卯起來要求孩子加把勁，像在孤島上，不斷地針對弱點復健再復健，早療再早療，補救再補救……日以繼夜，夜以繼日，到頭來，孩子眼中只有弱點，心中只剩弱點。

無論是誰，我相信一定存在著屬於他的相對優勢。而且，大人「應該」讓孩子看見。

沒錯，這裡我特別強調「應該」這兩個字。

請在復健、早療、補救的當下，**讓孩子看見自己那依然存在的「擁有」（相對優勢的能力）**。不要再只是提醒或暗示孩子「你這邊不行，你那邊不可以」。

我相信，孩子也想要做一些他會的，被人看見他也有可以做到的事。

說真的，我們不行和不會的事可多的是。就讓我們試著選擇做自己擅長的，這樣的日子不也比較好過嗎？

例如有些孩子對文字符號的辨識、理解與閱讀，存在著明顯的困難，但他對於影像、音感的接收卻非常敏銳與細膩。

或是有些腦性麻痺孩子，雖然動作不協調，口語表達受限於構音問題，說話不清楚，但也許他懂得察言觀色，幽默又善解人意。

或是ADHD孩子，專注力差，學業成就表現終年不計成本，狂打折扣。儘管如此，但請試著拿出探照燈，仔細搜尋他那未被你瞧見的亮點，例如好奇心、主動探索或充滿熱情的魅力。

大人的想法，一定會影響到孩子如何看待自己。我們怎麼看，孩子就怎麼判斷。讓孩子瞭解，人天生就有各自的特殊性、限制性、優勢與弱勢，並不是每個人的學習方式都得一樣。

每個人都很渺小，我們卻不見得要讓自信縮小。做自己相對擅長的事，一點一滴，反覆地刻意練習。當聚焦在自己「所能」，用時間×練習×修正微調的指數，漸漸地就能累積出能力與自信的複利。

覺察並行動。當我們覺察到孩子在發展上的特殊性，掌握了適當的教養方式與早期療育的相關建議，這時我們執行力的啟動，將決定孩子在發展上改變的幅度。

期待孩子的成長，就如同往右上角呈現上漲的狀態。

「疑似」，到底是不是？

看見孩子改變的可塑性

「心理師，我今天簽了一份資料。」小榮媽媽一時說不出老師請她簽的資料內容，滑了一下手機的照片，仔細一看，是鑑輔會的轉介單。

「老師說，希望進國小一樣有特教身分。但一定要申請嗎？」雖然媽媽已經將資料簽名繳交給老師，不過可以感受得出來，很是勉強。

心理師說明：「這是轉銜重新評估。意思是說，在大班要進小學之前，得重新再評估鑑定小榮是否依然具有特殊教育學生身分。」

「可以不要這個身分嗎？」媽媽微弱地說著。

「那你提出申請的用意是？」心理師問。

「我是不想要申請，只是老師一直提醒我要記得送件時間。我擔心如果沒有提出申請，好像會讓老師覺得家長不配合，不夠用心，但是……」媽媽欲言又止。

「提出轉銜重新評估申請後，鑑輔會將審核學前特教老師所提供的報告，以及參酌最近一次聯合評估報告書，做為研判的參考。」心理師說。

媽媽問：「一定會過嗎？能不能不要通過？如果通過，我不知道該怎麼和婆婆解釋。」媽媽真的不希望孩子具有這個身分。

小榮先前通過的身分為「疑似情緒行為障礙」。媽媽抓住「疑似」一詞，一直抱持著孩子沒有病的想法。儘管她知道孩子在幼兒園和家裡經常被大人抱怨愛說話、坐不住、容易分心，但如果強烈要求或拿起棍子作勢要脅，孩子的表現就正常了。這些年，小榮媽媽一直在「孩子是不是過動兒」這件事情上，來回擺盪。對於療育也付出許多時間、心思和金錢，希望孩子在入小學前，一切能夠變為「正常」。

然而，大班的老師不斷提醒自己送件這件事，讓她的心又糾結起來，生怕鑑定通過，鑑輔會委員依然給孩子特教身分，那該如何是好？

從媽媽的臉上，可以感受到對於特殊教育概念的茫然，「特教」兩個字猶如千斤頂懸在頭上，生怕鏈子一鬆，讓自己無法承受。

但更能夠感受到的是在媽媽忐忑的心上，期待孩子一切正常的盼望。

早期療育別錯過：**意中心理師來解惑**

特殊教育需求的考量

再次提醒，提出特教身分資格的申請，考量點在於孩子是否有接受特殊教育的需求。特教資源有限，使用特教資源依然得視孩子是否具備特教資格來決定。

當孩子有發展上的顧慮時，請前往醫院接受早期療育聯合評估，或兒童心智科接受醫師的評估診斷。

「疑似」透露出曙光，讓我們看見孩子改變的可塑性

離開診間時，父母收到醫師所開立的診斷書，或一段時間後收到聯合評估報告，診斷或報告中寫了「疑似」兩個字；或是在教室裡，老師告知孩子出現疑似過動、疑似情障的說詞；或經過鑑輔會鑑定，取得疑似情障、疑似自閉的身分。

「疑似」一詞，每個人的解讀不盡相同。疑似，反映了幾件事。

（一）孩子現階段的問題、現象、症狀，略顯輕微，與一般同齡兒少相較，雖然特殊或落後，但不顯著，仍然必須追蹤，再確認。

（二）反映了孩子的上述問題如果需要改變，並且若我們有任何積極作為，調整與改善的機率大。

（三）親師之間的觀察不一致。孩子在學校與在家的表現相異，例如在班上的專注力差、活動量大、衝動，但在家裡，爸媽則沒有觀察到這現象；反之亦然。孩子的問題未符合跨情境，亦即問題行為沒有同時在兩種情境出現。

（四）疑似，有時反映著孩子的氣質，例如對於周遭人、事、物的趨避性，傾向逃避，堅持度高，適應度差。但並未明顯吻合相關障礙的診斷，例如ＡＳＤ，或對

於孩子的生活、學習、人際未達顯著的困擾。

（五）疑似，提醒著我們孩子的可塑性大。別輕忽了教養與教學調整對於孩子帶來的重大改變。

（六）疑似，有時提醒著父母要提高敏感度，持續觀察、瞭解與掌握孩子的發展現況。但請記得，別只是停留在觀察，而沒有任何的積極作為。

（七）當孩子經過鑑輔會鑑定，取得疑似特殊教育學生身分，例如疑似情緒行為障礙、疑似自閉症。這時也反映孩子在具有疑似身分期間，依然安置在普通班，接受資源班的相關資源與協助，例如學科補救、人際社交技巧訓練、接受專業團隊服務（職能、物理、語言、心理治療等）。

（八）疑似，也反映著這段期間，孩子經過早期療育或相關治療有了明顯的改善，例如原先的診斷從自閉症改為疑似自閉症。

（九）別忘了眼前這個「疑似」的孩子，依然是一個如假包換的孩子，需要我們全然地接納與關注，協助與支持。

孩子是否要讀集中式特教班？

實際考量孩子的需求、療育安排與資源運用

「老師，你叫阿凱不要再轉圈圈了，看得我們都頭暈了。」

「我又不是沒講過。」老師回應，接著不耐煩地再度對阿凱大聲嚷著：「阿凱，不要再轉圈圈，坐下來，現在上課了。你有沒有聽見？不要再轉圈圈了。」

最後一句話，老師說得有氣無力，自己也知道怎麼講都沒用。

阿凱不只轉圈圈，臉上還露出怪異的笑容，有時亢奮得哈哈大笑，有時尖叫，像老鷹一樣擺動雙臂、揮動著雙手，跳來跳去，很是雀躍。老師實在摸不著頭緒：這孩子到底在興奮什麼？亢奮什麼？但是問也問不出來。

阿凱停下轉圈，斜眼瞪著天花板，注視著電風扇葉不停地旋轉。老師心想：「既然愛看，就讓你看，愛看多久就讓你看多久。趁這個機會，我可以多上一些課。」班上還有其他的小朋友需要花時間照顧，老師沒有那麼多心思一對一地照顧眼前的自閉兒。

老師心裡面有微詞，懷疑把阿凱放在普通班，到底能學到什麼，上課聽不懂，也沒有辦法像其他小朋友一樣做事情。他覺得把阿凱擺在普通班不但是消磨老師的時間，也浪費孩子自己的時間，對於自閉兒、其他小朋友及老師來說，真的是三輸。

阿凱擺動著雙臂在遊戲角跑來跑去，並不時地發出尖叫。一旁的小朋友們有的司空見慣，沒有反應，有些孩子會模仿阿凱像老鷹一樣飛，有的孩子不時抱怨：「老師，能不能叫他安靜？」有的孩子受不了而尖叫。

教室裡因為有阿凱而顯得熱鬧，卻也讓老師疲於奔命，往往忙著處理阿凱，其他的課務就跟著停擺。

「媽媽，你要不要考慮讓阿凱讀特教班？那邊的小朋友比較少，老師比較能夠照顧得到。你也知道在綿羊班，我們十幾個小朋友，老師沒有辦法把所有的時間和精力都用在阿凱身上。」

老師試著向阿凱的家長提出建議。

「媽媽，你要不要試著申請轉換安置？讓鑑輔會委員來決議，這樣不是比較適合嗎？」

但阿凱媽媽回：「老師，很抱歉，我們當時就是想要讓阿凱待在普通班，與一般孩子融合，而且我們有巡迴輔導班的老師來協助。在集中式特教班，孩子接收到的刺激比較少，我們會擔心孩子的學習成效。」

「可是他在綿羊班，上課內容他聽不懂，也沒有辦法和小朋友一起玩，常常一個人在那邊轉圈圈，嘴巴一直發出咿咿呀呀的聲音，讓其他小朋友都覺得他好奇怪，這對他不好吧？」

「阿凱是真的比其他小朋友奇怪，這一點真的是抱歉。我們也已經在申請教師助理員的協助，看能不能幫助讓老師的工作量降低。」

阿凱媽媽內心其實多麼期待班級老師可以為孩子在融合上做一些努力，但總覺得自己的孩子已經讓老師花太多的時間和精力，而且影響到其他小朋友的受教權利，

這一點在心裡也過意不去。

可是，她不想放棄任何可能提升孩子受到學習刺激的機會。若在集中式特教班，就如同有著五、六個和阿凱一樣的孩子在互動，究竟對孩子能產生什麼樣的幫助呢？

守住底線，讓孩子留在普通班接受巡迴輔導老師的協助，這是媽媽一直在捍衛的權利，卻也擔心自己是否有盲點。每隔一段時間，老師就會試著慫恿，說服自己讓孩子到集中式特教班就讀。

讓老師上課為難，阿凱媽媽心裡很過意不去，但也不想為難自己。雖然孩子的發展明顯比同年齡幼兒落後，也領有身心障礙證明，並且經過鑑輔會研判，孩子屬於中重度特殊教育需求學生，但做媽媽的心裡很清楚孩子需要的是什麼。

身為母親，她思考的是「孩子真正的需求在哪裡」。在家裡無法進行的事物，是第一優先的考量；至於日常生活自理的訓練，可以選擇在家自行進行。

阿凱媽媽很清楚地知道，孩子需要有一般同儕的語言刺激，這一點對誘發孩子說話真的很重要。

安置沒有絕對，取決於「孩子的需求」優先

在班級人數比較少的情況下，讓老師可以比較全心全意地照顧。針對這一點，爸媽需要瞭解孩子實際的特殊教育需求在哪裡，同時對於集中式特教班需要有明確的瞭解。

關於孩子是否擁有進入集中式特教班的資格，這部分必須要經過鑑輔會鑑定通過，建議安置，才能取得這樣的資格。

針對學齡前幼兒，集中式特教班的課程內容主要針對孩子日常生活的自理訓練為主。雖然班級人數相對較少，每一位集中式特教班孩子，卻都需要老師花費許多時間與心力照顧。

對於孩子的發展，除了日常生活自理的訓練之外，還包括認知、語言、社會情緒與粗動作、細動作的訓練。

另外，關於孩子在團體的規範、同儕幼兒的刺激與模仿互動、語言的刺激，這部分安置在普通班，並接受巡迴輔導班老師的協助會比較適切。

無論是學前集中式特教班或普通班的安置，沒有所謂的絕對好壞，關鍵在於孩子適合的是哪一種安置方式。

家長的決定權限

學前集中式特教班的師生比雖然低，但由於孩子多屬於中重度特殊教育需求孩子，在照顧上則需要老師更貼近地照顧。

如果屬於中重度特殊教育需求孩子，並不等同於一定得就讀集中式特教班。是否就讀，雖然鑑輔會委員會提出安置的建議，但是家長依然有決定權，能夠自行做最後的決定。

有些父母的想法是，把孩子安排在普通班，接受巡迴輔導老師的協助，有些時間前往相關醫療院所接受早期療育，例如物理、職能、語言、心理治療等協助，以提升孩子在粗動作、精細動作、語言溝通、表達和理解，以及社會情緒與人際互動等發展的提升。

至於日常生活的自理訓練部分，則以居家練習為主。

是否讓孩子就讀集中式特教班，並非出於偏見，或對於集中式特教班存有刻板印象，而是要實際考量孩子的需求，以及父母對於孩子整體的療育安排與資源的運用。

目前學前集中式特教班的師生比為二：八，兩位老師，招收八名幼兒。

如果孩子就讀學前集中式特教班，家長依然能夠提出轉換安置的需求，屆時會再透過鑑輔會開會決定孩子是否轉出到普通班。

該讓孩子「緩讀」嗎？

關於申請暫緩入學的思考

「緩讀申請會通過嗎？聽其他家長說，申請緩讀不容易過？」望著明年九月即將屆齡進入國小就讀的小芷，媽媽擔心又疑惑地問心理師。

大班的小芷一臉天真童稚的臉龐，玩著簡單的扮家家酒，口中依然只能說出簡短的詞彙。

「媽媽，你考量緩讀的用意是？」心理師想先釐清這一點。

「我很擔心明年小芷進入小學之後，沒有辦法適應，沒辦法順利跟上同學們的進度。雖然她這段時間明顯地有進步，但是與班上的小朋友們仍然有一段距離。我想如果再多一年，狀況應該會好一些。」

時間矛盾，像一刀兩刃，讓媽媽感到壓迫，又讓媽媽能夠喘息。

面對暫緩入學受理申請的時間即將接近，身旁的雜音不時地困擾著媽媽的思緒：

「你就別再浪費一年的時間。就讓小芷直接進入小學，如果到時候有跟不上的地方，讓學校資源班來幫忙就可以了。」

「你有想過這一年又要重新跑療育嗎？你不覺得很累？就讓孩子直接進入小學吧。」

「讓小芷多個一年的時間，我相信再進入小學，彼此的壓力會少很多。如果進小學一開始就跟不上，國語、數學抽離到資源班上課，那之後和原班的距離只會越來越遙遠。」

這些聲音、意見聽起來都對，但又相互矛盾，讓媽媽舉棋不定，裹足不前。且申請暫緩入學不是嘴巴說說這麼簡單而已，自己也要充分準備申請暫緩入學的具體計畫。

做媽媽的她得打好強心針，下好內心固定的樁。未來這一、兩年，依然得要讓小芷密集地接受相關的早期療育，讓孩子在進入小學之前，能夠從容一些。

媽媽心裡知道，自己勢必得走出一條清晰的路。暫緩入學，做好決定，下好離手。在鑑輔會開會決議之前，自己得好好思索，如何說服委員能夠決議同意。

早期療育別錯過：**意中心理師來解惑**

站在緩讀的岔路口

「孩子究竟要不要緩讀？」有些父母面對孩子到了大班即將升小一時，心中不時浮現這個念頭。

考量緩讀，主要是孩子經過早期療育的訓練之後，有所改善，但是對於即將在一年後就讀國小這件事情來說，似乎還沒有完全準備好。

特別是孩子入學之後，在聽說讀寫算等基本的學科基礎上，與一般同齡幼兒相比，依然呈現落後的情況。爸媽擔心孩子在進入小學之後，無法順利跟上進度，因此思考是否讓孩子緩個一年再入學。

尤其是對於出生月份落在尷尬的七月、八月的小朋友，往往在入學之後，與同班

孩子的年齡相較明顯落差了將近一年的時間。

緩讀是一種選項。而緩讀是否通過，關鍵之一往往取決於孩子的情緒、行為表現，是否能夠在教室裡維持相對的穩定。

如果孩子的情緒行為相對的不穩，進入小學後，對班級老師的教學，以及其他小朋友的學習產生明顯的干擾，以學校的立場來說，多少較傾向於孩子能夠在比較穩定的狀況下再入學。這一點，也是爸媽的考量之一。

現實面的考量

緩讀是否通過，這部分需要由鑑輔會委員來評估是否有延緩一年入學的必要性。

在緩讀的這一年，爸媽必須擔負起早期療育的內容，以及相關幼兒園課程的學習。許多事情沒有絕對的答案，在考慮是否緩讀時，我們得從很現實的層面來考量。

如果孩子安置在特教班，這時建議直接入學，對孩子、父母來說會比較適切，透過集中式特教班的協助，讓孩子直接進入小學繼續學習。

當緩讀通過之後

依《強迫入學條例》第十三條規定，核定暫緩入學，最長以一年為限。爸媽與孩子多了一年的緩衝，無論在時間上、心理上及療育上，壓力都暫時獲得舒緩。

在這一年裡，爸媽更是得積極、仔細地評估、追蹤及執行孩子的療育內容。例如在物理、職能、語言、心理治療的目標設定上，在粗動作、精細動作、認知、語言、社會情緒與生活自理的訓練，以及聽、說、讀、寫、算等入學準備上，是否維持往右上角改善的趨勢。

緩讀期間，一切努力的重點是以孩子未來能夠順利進入國小普通班，融合、適應為優先的考量。同時，視孩子在緩讀期間的發展進度，思考未來進入國小就讀之後，所需要的特殊教育需求與內容。

例如接受資源班國語、數學補救教學，社會情緒、人際關係訓練，或申請特殊教育專業團隊（例如物理、職能、語言、心理治療等）服務。

孩子緩讀期間，爸媽要持續提升自己日後在國小階段，與導師、資源班老師等親師溝通與合作技巧及有效的應對方式，以讓孩子在緩讀一年後，進入國小階段就讀，能夠維持在最適切的狀態。

暫緩入學的相關法規

＊《特殊教育法》第十四條

為因應特殊教育學生之教育需求，其入學年齡、年級安排、教育場所、實施方式及修業年限，應保持彈性；其提早或暫緩入學、縮短或延長修業年限及其他相關事項之辦法，由中央主管機關定之。但法律另有規定者，從其規定。

＊《特殊教育學生調整入學年齡及修業年限實施辦法》第四條

身心障礙適齡兒童得依強迫入學條例規定，由其法定代理人代為向直轄市、縣（市）主管機關申請暫緩入學。

＊《強迫入學條例》第十三條

1.身心障礙之適齡國民，應經直轄市及縣（市）主管教育行政機關特殊教育學生

鑑定及就學輔導委員會鑑定後，安置入學實施特殊教育。但經鑑定確有暫緩入學之必要者，得予核定暫緩入學，最長以一年為限，並應副知鄉（鎮、市、區）強迫入學委員會。

2.前項暫緩入學之核定基準、程序及其他相關事項之辦法，由直轄市、縣（市）主管教育行政機關定之。

給家長的話

面對孩子誕生的喜悅，從發現不對勁的那一剎那，逐漸地灰飛煙滅，例如說話表達的緩慢、眼神注視的迴避、情緒焦慮與哭鬧、行為失控與脫序，以及態度對立與違抗。這一路走來，在教養的路途上，讓許多新手父母感到不知所措，焦頭爛額，驚慌失措。

孩子究竟怎麼了？為什麼會這樣？為什麼發生在我與孩子身上？來自心中的疑慮，不時占滿腦袋，混亂了思緒，讓自己的生活、工作、人際關係與休閒娛樂，被迫按下暫停鍵，停擺了。

面對孩子的發展遲緩、身心障礙，這段時間所充滿的各種負面情緒，一切都很自然，雖然自己的想法不見得合理。爸媽不斷在親子教養的過程中，摸著石頭過河，跌跌撞撞，弄得遍體鱗傷。

但透過早期療育的接觸，無論是療育期間，與各專業醫師、心理師、治療師、社工師等互動，以及與園所幼教老師們的討論與合作，透過相關書籍文字的閱讀、療育復健的實務操作，漸漸地，新手爸媽對孩子的瞭解更加純熟，更能完整地細說、分享與陳述孩子的整體發展現況，對於孩子的氣質、身心特質或疾病診斷，有更加清楚的認識與掌握。

我相信，你將不再孤單。透過接觸早期療育、網路社群互動、實體與線上講座的參與，或是書籍文字的閱讀，你赫然發現，正有許多的父母、老師和專業團隊一起在早期療育這塊領域上，陪伴著孩子逐漸走上生命中，那平坦、寬廣的道路。眼前路況將更加清晰，親師教養與教學的步伐，將更富有節奏感及穩重、踏實。

閱讀《關鍵早療——把握自閉、亞斯、過動氣質等幼兒的黃金救援時機》，將讓親師面對孩子的疑慮，逐一地解惑。零到六歲的學齡前幼兒是一副好牌，剛開始的年齡正賦予他們許多的機會，只要我們立即採取行動，針對孩子的發展、身心特質及需求，給予適時的協助。

期待正閱讀到這裡的你，面對孩子的成長，逐漸慶幸豐收。孩子不會吝嗇的，會將所有的改變呈現在你我的眼前。在關鍵早療期間，你將看見孩子正在脫胎換骨，蛻變當中。

允許自己和孩子多些從容的時間，我相信，彼此的努力，終將讓一切的美好灑落在孩子身上，陽光將讓孩子的未來更加耀眼。

【新書簽講會】

《關鍵早療》

——把握自閉、亞斯、過動氣質等幼兒的黃金救援時機

王意中臨床心理師

台北

日期：2024/01/28（日）

時間｜15:00-16:30

地點｜三民書局重南店4樓（台北市中正區重慶南路一段61號）

台南

日期：2024/02/03（六）

時間｜15:00-16:30

地點｜台南政大書城（台南市中西區西門路二段120號B1）

洽詢電話：(02)2749-4988

＊免費入場，座位有限

國家圖書館預行編目資料

關鍵早療：把握自閉、亞斯、過動氣質等幼兒的黃金救援時機/王意中著. -- 初版. -- 臺北市：寶瓶文化事業股份有限公司, 2024.01
面； 公分. -- (Catcher ; 112)
ISBN 978-986-406-396-3(平裝)

1.CST: 早期療育 2.CST: 兒童發展 3.CST: 特殊兒童教育

529.6 112021378

Catcher 112

關鍵早療

——把握自閉、亞斯、過動氣質等幼兒的黃金救援時機

作者／王意中（臨床心理師）

發行人／張寶琴
社長兼總編輯／朱亞君
副總編輯／張純玲
資深編輯／丁慧瑋 編輯／林婕伃
美術主編／林慧雯
校對／丁慧瑋・陳佩伶・劉素芬・王意中
營銷部主任／林歆婕 業務專員／林裕翔 企劃專員／李祉萱
財務／莊玉萍
出版者／寶瓶文化事業股份有限公司
地址／台北市110信義區基隆路一段180號8樓
電話／(02)27494988 傳真／(02)27495072
郵政劃撥／19446403 寶瓶文化事業股份有限公司
印刷廠／世和印製企業有限公司
總經銷／大和書報圖書股份有限公司 電話／(02)89902588
地址／新北市新莊區五工五路2號 傳真／(02)22997900
E-mail／aquarius@udngroup.com

著作完成日期／二〇二三年十一月
初版一刷日期／二〇二四年一月
初版二刷日期／二〇二四年一月二十二日
ISBN／978-986-406-396-3
定價／四〇〇元